Ludwig Theopold

Kritische Untersuchungen über die Quellen zur angelsächsischen Geschichte

des achten Jahrhunderts mit besonderer Rücksicht auf die Zeit knig Offas

Ludwig Theopold

Kritische Untersuchungen über die Quellen zur angelsächsischen Geschichte
des achten Jahrhunderts mit besonderer Rücksicht auf die Zeit knig Offas

ISBN/EAN: 9783743630147

Hergestellt in Europa, USA, Kanada, Australien, Japan

Cover: Foto ©ninafisch / pixelio.de

Weitere Bücher finden Sie auf **www.hansebooks.com**

KRITISCHE UNTERSUCHUNGEN

über

DIE QUELLEN

zur

ANGELSÆCHSISCHEN GESCHICHTE

des

ACHTEN JAHRHUNDERTS

MIT BESONDERER RÜCKSICHT AUF DIE ZEIT

KŒNIG OFFA'S.

INAUGURAL DISSERTATION

zur

ERLANGUNG DER PHILOSOPHISCHEN DOCTORWÜRDE

an der

UNIVERSITÄT GÖTTINGEN

von

LUDWIG THEOPOLD

aus Blomberg.

Lemgo 1872.

Gedruckt bei F. L. Wagener.

sich dabei zunächst darum, einem in mehrere Handschriften der Angelsächsischen Chronik aufgenommenen Bruchstücke northumbrischer Annalistik hier seine Stelle anzuweisen. Detaillirte Untersuchungen führten zu einem einigermassen sicheren, wenn auch nicht völlig abschliessenden Resultat über das Verhältniss der einzelnen Annalen zu einander. Nach einigen kurzen Bemerkungen über die übrigen Zusätze zu den verschiedenen Handschriften der Angelsächsischen Chronik wurden sodann die abgeleiteten Annalen und Chroniken mit Ausschluss derjenigen, welche zunächst nur locales Interesse haben, bis zu Wendover hinab besprochen. Unmittelbar an diesen schliesst sich dann die Untersuchung der Vita Offae an, da die letztere fast ganz auf jenem beruht.

Im Verlauf der Arbeit trat mehr und mehr die Unzuverlässigkeit nicht bloss der Vita und Wendovers, sondern namentlich auch die Wilhelms von Malmesbury [1] deutlich hervor. Dieser hat, obwohl er über vierhundert Jahre nach der von ihm geschilderten Zeit schrieb, doch bisher allen Darstellungen derselben und namentlich auch der entschieden falschen Auffassung von König Offa's Character zu Grunde gelegen. Eine Darstellung des Lebens Offa's, die [ich ein ander Mal zu liefern gedenke, würde vielfach gegen ihn und die von ihm abhängigen neueren Werke zu polemisiren haben; aber auch nur durch eine eingehende Darstellung, nicht durch einzelne kritische Bemerkungen, wäre eine entschiedene Zurückweisung derselben möglich. Die Darstellung selbst müsste sich, abgesehen von den hier untersuchten Annalen gründen auf die Briefe Karls des Grossen, Alcuins, Coen-

---

[1] Gesta regum ed. Hardy vol. I. Lond. 1840. Gest. pontificum ed. Hamilton. Lond. 1870.

wulfs und Leo III., dann namentlich auf die Urkunden, welche von Kemble wohl ziemlich vollständig gesammelt sind, für deren Kritik der Historiker aber noch fast Alles thun muss. Dazu kommen einige für locale Nachrichten zuverlässige Klostergeschichten. Aus diesen scheinbar dürftigen Quellen lässt sich doch ein ziemlich vollständiges Bild von Offa's Leben und Persönlichkeit gewinnen, welches in seiner Totalität an sich schon eine Kritik der bisherigen Darstellungen bei Malmesbury, Matheus und Anderen bilden würde.

Es sei mir noch gestattet, an dieser Stelle Herrn Professor Pauli für die fördernde Theilnahme, die er mir bei dieser Arbeit hat angedeihen lassen, meinen besonderen Dank auszusprechen.

Nachträge und Berichtigungen.

S. 33. A. 3. Stubbs' Registrum sacrum Anglicanum ist in Oxford erschienen: University Press 1861.
S. 61. Z. 19 v. oben: statt zehn lies elf; 832—842 incl.
S. 61. Z. 3 v. unten: statt 1840 und 1845 lies 840 und 845.
S. 104. A. 1: statt S. 107 A. lies S. 108 A.

DEM ANDENKEN

PHILIPP JAFFE'S

des trefflichsten Lehrers.

Ausgangspunkt für die hier gebotenen Untersuchungen über die Quellen zur angelsächsischen Geschichte, vornehmlich der zweiten Hälfte des achten Jahrhunderts, war der in der neuesten Zeit viel besprochene angebliche Brief Karls des Grossen an König Offa von Mercia, in welchem er demselben die Unterwerfung und Bekehrung der Sachsen im Jahre 785 mitgetheilt haben soll [1]). Dass der Brief unecht sei, entschieden drei der grössten Kritiker, Mabillon [2]), Jaffé [3]) und Sickel [4]). Er ist uns überliefert in der dem Matheus Parisiensis († 1259) zugeschriebenen Vita Offae secundi [5]), in einer Schrift, welche nach Lappenbergs Urtheil [6]) Wahres und Falsches neben einander enthält und deren historische Treue nach seiner Meinung vielleicht zu sehr in Zweifel gezogen ist [7]). Jener falsche Brief, welcher sich in ihr findet, mehrte den Verdacht, welcher schon vorher gegen sie laut geworden war. Auf Anregung meines unvergesslichen, hochverehr-

---

1) Abel, Karl der Grosse I, 411. Der Brief ist gedruckt bei Spelmann, Concilia orbis Brit. I, 305. Bouqu. V, 620.

2) Mabill. Annal. lib. 26 n. 19; vol. II, 298.

3) Jaffé, Bibl. IV, 355 n. 1.

4) Sickel, Acta Karol. II, 276. Der erste übrigens, welcher ihn verworfen hat, ist Alford, 1663: Ann. eccl. II, 660.

5) Her. von Wats als Anhang zu Matthaei Paris Historia major. Lond. 1640 u. Hist. maj. Lond. 1684. p. 969—988, verbatim recusa. Die Citate (unten S. 112 flg.) sind der besser gedruckten Ausgabe von 1684 entnommen.

6) Geschichte von England I, 224 u. 4.

7) a. a. O. S. 200.

ten Lehrers, des Herrn Professor Jaffé unternahm ich es, sie eingehend zu prüfen, um einmal festzustellen, was denn in ihren Angaben das Wahre und was das Falsche sei. Das Ergebniss fiel sehr zu Ungunsten der Vita aus, zugleich bestätigte sich aber das Urtheil, welches die genannten Kritiker über jenen Brief Karls des Grossen ausgesprochen hatten, in auffallender Weise, indem die Fälschung sich deutlich nachweisen liess [1]).

Um nämlich eine feste Grundlage zur Kritik der Vita zu gewinnen, suchte ich mir aus den ursprünglichen und unzweifelhaft echten Quellen ein möglichst treues Bild der Ereignisse der in Frage kommenden Zeit zu verschaffen, damit daran jene und andere verdächtige Ueberlieferungen geprüft werden könnten. Dabei stellte sich vor Allem das Bedürfniss heraus, für Herstellung eines festen chronologischen Gerüstes zu sorgen, nach welchem man in den bisherigen Darstellungen der Zeit vergeblich sucht. Die vielfachen Schwankungen in den Zeitbestimmungen auch der neueren Forscher beruhten zum grössten Theil auf Differenzen in den Angaben der Annalisten der nördlichen und südlichen Theile Englands. Hier führte eine kritische Betrachtung der Angelsächsischen Chronik, verbunden mit sorgfältiger Benutzung sämmtlicher Urkunden der Zeit und der Annalen des Festlandes zu einem Ergebniss, welches wohl die meisten chronologischen Fragen der zweiten Hälfte des achten und der ersten des neunten Jahrhunderts zu befriedigendem Resultate gebracht hat.

Die der Angelsächsischen Chronik selbstständig gegenüberstehenden Northumbrischen Annalen bedurften gleichfalls einer kritischen Untersuchung. Es handelte

---

1) Vgl. unten S. 124.

I. Die Angelsächsische Chronik.

Die Annalen, welche gewöhnlich als Angelsächsische Chronik bezeichnet werden, sind uns in einer Reihe von Handschriften erhalten, welche sämmtlich mehr oder weniger von einander abweichen. Die älteren Ausgaben von Wheloc, Gibson, Ingram und Petrie legten einer kritischen Untersuchung derselben grosse Schwierigkeiten in den Weg.[1]) Erst die Ausgabe, welche Thorpe namentlich auf Anregung Pauli's im Jahre 1861 besorgte, machte dieselbe eigentlich möglich. Er druckte sechs von den sieben erhaltenen Handschriften neben einander ab, so dass nun leicht erkannt werden kann, was jeder Handschrift eigenthümlich und was allen gemeinsam ist.[2])

Vier Jahre nach ihm gab Earle die beiden wichtigsten derselben, die Handschriften von Winchester und Peterborough, MS. A und E, noch einmal heraus, Handschrift A die älteste und die am meisten die ursprüngliche Form bewahrt hat, und Handschrift E diejenige, welche von allen am weitesten hinabreicht.[3]) Earle bietet, neben einem

---

1) Vgl. Grubitz, Kritische Untersuchungen über die angelsächsischen Annalen bis zum Jahre 893. Göttingen 1868 S. 1. 2.

2) The Anglo-Saxon Chronicle, according to several original authorities. Vol. 1. 2. Ed. and translated by Benj. Thorpe. Lond. 1861.

3) Two of the Saxon Chronicles ed. by John Earle. Oxford 1865.

sorgfältiger redigirten Texte und den von Thorpe ausgelassenen lateinischen Zusätzen zu Handschrift E, genaue Untersuchungen über das Verhältniss der einzelnen Manuscripte und über Ort und Zeit ihrer Entstehung.

Diese Untersuchungen hat dann Grubitz in einer Abhandlung vom Jahre 1868 wesentlich gefördert und berichtigt.[1])

Earle hatte gefunden, dass „fünf der Handschriften, wiewohl aus einer gemeinsamen Quelle geflossen, zu einem Theil selbstständige historische Arbeiten darstellen." Grubitz untersuchte für den ersten Theil bis zum Jahre 893 den gemeinsamen Kern aller; er unterwarf ihn einer genauen Analyse und fand, dass „der Ursprung der angelsächsischen Annalistik nicht in Winchester, wie Earle meinte, sondern in Canterbury zu suchen ist, dass in den Annalen, wie sie jetzt vorliegen, zwei ganz verschiedene Elemente, ein kirchliches und ein national-angelsächsisches zu unterscheiden sind, und dass diese letzteren Bestandtheile, die schon vorher, wie Königskataloge und Genealogien unabhängig bestanden, mit der wirklichen Form erst später verflochten sind."[2]) Ich nehme diese Resultate als sicher an[3]) und wende mich zu einer Frage, welche Earle gar nicht und Grubitz nur vorübergehend (S. 14, 19) und ungenügend behandelt hat, zu der chronologischen.

Grubitz hat für die verschiedenen Bestandtheile der Angelsächsischen Chronik einen verschiedenen Grad chronologischer Sicherheit angenommen (S. 16, 17, 28) und in gewisser Weise wahrscheinlich gemacht; er hat dabei auch die Ansicht ausgesprochen, dass die „Fortsetzung der Canterbury Annalen" (S. 15) unter dem Einfluss der Tradition gestanden habe und minder genau sei, hat aber an keiner Stelle und für kein Annale einen directen Nach-

---

1) S. oben S. 9. Anm. 1.
2) a. a. O. S. 34.
3) Doch kann man Berücksichtigung der Bemerkungen Usinger's über die den Angelsächsischen und Lunder Annalen gemeinsame Quelle vermissen. Vergl. Usinger, Die dänischen Annalen und Chroniken des Mittelalters. Hann. 1861. S. 43.

weis der Ungenauigkeit liefern können.¹) Ich behandle deshalb, da auch ich einen solchen Beweis nicht zu finden vermag, für das achte und neunte Jahrhundert alle Theile, soweit sie hier in Betracht kommen, als gleichwerthig in Beziehung auf ihre Zeitbestimmungen und richte meine Untersuchungen auf das Ganze der aus diesen Theilen zusammengesetzten Angelsächsischen Chronik.

Der Text.

Sieben Handschriften und der Abdruck einer achten sind uns erhalten.²) Bis zum Jahre 893 ist der Hauptinhalt derselben in allen gleich, doch haben mehrere bedeutende Erweiterungen und Zusätze. Es handelt sich darum, festzustellen, welches die Form und der Inhalt der Annalen war, welche aus den von Grubitz nachgewiesenen ursprünglichen Theilen, wahrscheinlich gegen Ende des neunten Jahrhunderts, zusammengestellt worden sind. Es ist natürlich, dass sie einen ganz andern Werth haben, als die von späteren Abschreibern aus andern Quellen zu jenen hinzugefügten Nachrichten. Die ursprünglichen Annalen müssen für sich untersucht werden und für die Zusätze der einzelnen Handschriften muss man möglichst genau zu bestimmen suchen, woher sie genommen sind und welchen Werth sie haben. Hier kommt zunächst nur die eigentliche Angelsächsische Chronik in Betracht.

Es ist klar, dass dieser Alles wird zugeschrieben werden müssen, was sich in sämmtlichen Handschriften gleichmässig findet.³) Um dieses rein auszuscheiden, ist Thorpe's Ausgabe immer noch brauchbarer als die sonst entschieden bessere von Earle. Nimmt man jene zur Hand, so kann man über die der ursprünglichen Chronik angehörenden Annalen nicht im Zweifel sein.

---

1) Vgl. unten.
2) Vergl. darüber Grubitz S. 3.
3) Die Lücken der nachlässig geschriebenen Handschrift F fallen hier natürlich nicht in's Gewicht.

Eine andere Frage ist die, welche der Handschriften den Vorzug verdient, wenn für dasselbe Annale in verschiedenen derselben verschiedene Jahreszahlen angegeben sind.

Es handelt sich bei diesen Abweichungen durchaus um nichts Anderes, als um grössere oder geringere Correctheit der Abschriften, es handelt sich aber nicht um bewusste, von den Abschreibern nach andern Quellen vorgenommene Abänderungen der Jahreszahlen. Für diese Ansicht lässt sich anführen, dass oft nicht ein Annale in einer Handschrift eine andere Zahl trägt, sondern dass mehrere auf einander folgende je in einer oder mehreren Handschriften gleichmässig um ein Jahr von denen in den andern Handschriften abweichen.[1]) Es wäre doch seltsam, wenn die Abschreiber jedesmal gerade in mehreren auf einander folgenden Jahren sollten zu ändern gefunden haben. Diese Differenzen sowohl, wie die, welche nur einzelne Jahre betreffen, beruhen auf Nachlässigkeit der Abschreiber. Die Entscheidung darüber, welcher Lesart in jedem einzelnen Falle der Platz in der ursprünglichen Chronik vindicirt werden muss, kann nur auf dem Wege philologischer Kritik gefunden werden. Es ist hierfür das Verhältniss der Handschriften festzustellen.

Sie zerfallen zunächst in zwei Gruppen, die ältere, welche die Manuscripte A B und C umfasst, und die jüngere, zu welcher D E und F gehören.[2]) Die letzteren stammen sämmtlich aus einer Handschrift ab, in welche die Reste northumbrischer Ueberlieferung (s. weiter unten) schon aufgenommen waren; die ersteren dagegen enthalten diese nicht und zeigen sowohl hierdurch ihre Verschiedenartigkeit, als z. B. auch darin, dass sie unter dem Jahre 803 den Tod des Abts Fordred verzeichnen, dass aber keine der jüngeren Handschriften diese Nachricht enthält. Wo nun von der ältern Gruppe die jüngere abweicht, ist jener entschieden der Vorzug zu geben; aber

---

1) Beispiele s. unten.
2) Grubitz S. 5.

anders stellt sich die Sache, wenn die Abingdon Handschrift MS. C aus der ältern Gruppe dasselbe Jahr angiebt, welches die jüngeren haben; dann ist eben dieses Jahr als das der ursprünglichen Chronik angehörige anzusehn. Diese Auffassung hat zur Voraussetzung den jetzt von Grubitz (S. 6—8) geführten Nachweis, dass die älteste Handschrift MS. A nicht das Original ist,[1]) von welchem die übrigen abhingen und welchem sie dann auch überall an Werth nachstehen müssten, dass dagegen die freilich jüngere Abingdon Handschrift oft correcter ist als jene. Diese Resultate werden wir bestätigt finden in einer Untersuchung über die westsächsische Königstafel, welche bisher stets der Stein des Anstosses für die Chronologen war, und von welcher wir eben ihrer grossen Wichtigkeit wegen und aus andern Gründen, welche bald klar sein werden, unsern Ausgang nehmen müssen.

Die westsächsische und mercische Königstafel.

König Cedwalla von Wessex entsagte der Krone und pilgerte nach Rom. Auf ihn folgte Ine, „im dritten Jahre der Regierung König Aldfrid's von Northumbrien",[2]) welcher nach Beda's bestimmter Angabe (IV, 26 p. 242) im Jahre 685 auf den Thron kam. Für Ine's Thronbesteigung müssen wir demnach das Jahr 687 oder 688 annehmen. Von diesen beiden ist letzteres das richtige, weil Cedwalla noch am 19. August des Jahres 688 eine Schenkungsurkunde als König ausstellte.[3]) Dasselbe Jahr bietet auch die Angelsächsische Chronik.[4]) Die Dauer der Regierung Ine's giebt Beda zu 37 Jahren an,[5]) ebenso unsere Annalen[6]) und nach ihnen Heinrich von Huntingdon.[7])

---

1) Grubitz S. 6 flg.
2) Beda, hist. eccl. V, 7 Mon. hist. Brit. p. 253.
3) Kemble, Cod. dipl. aevi Saxonici. Vol. I. 1839 num. 29.
4) Chron. Sax. 688.
5) l. c. V, 7 p. 254. cum triginta et septem annis imperium tenuisset, profectus est.
6) Stammtafel in M. S. A. Earle p. 2.
7) lib. IV. M. h. Br. p. 734.

Diese 37 Jahre führen auf das Jahr 725 als den Schlusspunkt seiner Regierung, als den Termin seiner Abreise nach Rom. Nirgends ist das Jahr 725 bestimmt hierfür überliefert. Nun geben die zwei Handschriften A und B das Jahr 728 für seine Abreise an; MS. C. aber und die jüngere Gruppe haben das Jahr 726. Die oben nachgewiesene Regierungsdauer von 37 Jahren fordert zunächst 825, schliesst aber, wenn man Ine's Regierungsanfang in das Ende des Jahres 688 (nach dem 19. August s. oben) setzt und ein beinahe vollendetes 38. Jahr annimmt, das Jahr 726 nicht geradezu aus. Von den beiden angeführten Lesarten ist demnach, wenn nicht die richtige, entschieden die bessere die der vier jüngeren Handschriften.

Auf Ine folgte Aethelheard; ihm werden durchgehends[1]) 14 Regierungsjahre zugetheilt. Nehmen wir als Zeit seines Regierungsantritts 725, so gelangen wir mit ihnen zum Jahre 739 als Schluss seiner Regierung, eine Zahl, die auch der Fortsetzer Beda's angiebt.[2]) Nehmen wir mit unseren vier jüngeren Handschriften das Jahr 726 an, so führen 14 Regierungsjahre bis 740, und wirklich findet sich ganz consequent der Tod Aethelheard's in jenen vier Handschriften unter diesem Jahre angegeben. Auch die Lindisfarner Annalen weisen auf den gleichen Zeitpunkt hin.[3]) Während Manuscript A und das von ihr abhängige MS. B. mit 14 Regierungsjahren zum Jahre 742 gelangen würden, geben sie doch, sich widersprechend, 741. Hier ist 740 als die ursprünglich in der Angelsächsischen Chronik enthaltene Zahl anzunehmen.

Cuthred, der Nachfolger Aethelheards, regierte 16 Jahr.[4]) Dem Northumbrischen Annalisten (Cont. Bed.)

---

1) Chron. Sax. 726. MS. A. B. 728. Earle p. 45. 46. 2. Flor. Wig. M. h. Br. p. 641; ed. Thorpe p. 273 (in den Genealogien). Henr. Hunt. p. 734.

2) Appendix ad Bed. 739 M. h. Br. p. 288.

3) Ann. Lindisf. 740. M. G. SS. XIX p. 505.

4) Chron. Sax. 740. 741. Hunt. p. 734. Die Stammtafel bei Earle p. 2. hat 17, Malmesbury ed. Hardy I, 56 14 Jahre, welche

ergiebt 739 und 16 das Jahr 755, welches in der That auch bei Simeon von Durham steht. Die Angelsächsische Chronik hat in allen Handschriften 754, während doch die 16 Regierungsjahre zu 740 hinzugezählt das Jahr 756 ergeben würden. Zwei Jahre bleibt sie also hinter der Zahl zurück, welche nach ihrer eigenen Angabe über die Regierungsdauer Cuthred's als sein Todesjahr verzeichnet sein müsste. Dieser Widerspruch, in welchen sie mit sich selbst geräth, könnte leicht durch einen Schreibfehler in dem Original der Chronik erklärt werden. Auffallend wird es aber, wenn wir eben denselben Widerspruch in ihrer mercischen Königstafel entdecken.

In Mercia kam nach dem Tode Ceolred's Aethelbald, wie Beda berichtet, im Jahre 716 zur Regierung.[1]) Auf das Jahr 716 weisen sämmtliche echte Urkunden hin: Cod. dipl. n. 65, n. 87, n. 99. Synod. Clovesh. ann. 747 ind. 15 mens. Sept. initio, regni 32.[2]). Auch unsere Chronik hat das Jahr 716,[3]) welches folglich wohl als feststehend zu betrachten ist. Aethelbald regierte 41 Jahre. Unsere Annalen geben ihm gleichfalls diese Regierungszeit,[4]) setzen aber seinen Tod nicht, wie man erwarten sollte, 757, sondern, wie auch bei Cuthred von Wessex, zwei Jahre zu früh an, also 755.

Hardy l. c. p. 60 n. 3 von ihm annimmt, obwohl er l. c. p. XVIII selber ausführt, dass dieser Autor in der Chronologie sehr unzuverlässig sei. Malmesbury's Zeitangaben beruhen für diese Periode auf der nachlässig benutzten Angelsächsischen Chronik und können nicht als Autorität gegen sie angeführt werden. Florenz von Worcester, ihr Uebersetzer und gleichfalls von ihr achängig, giebt auch 14 Jahre an. M. h. Br. p. 641; ed. Thorpe I, 273. Die Erklärung, weshalb beide nur von 14, statt 16 Jahren sprechen, s. unten.

1) Beda V, 24 p. 286. In der Recapitulatio chron. totius operis s. a. 716.
2) Spelm. Conc. I, 245. Malmesbury Gest. pont. ed. Hamilton p. 6 hat regni 33.
3) Chron. Sax. 716.
4) Chron. Sax. 716.

Die chronologische Differenz.

Dieser in seiner Wiederholung merkwürdige Widerspruch in den Angaben der Angelsächsischen Jahrbücher, welchen wir später in der Regierung Aethelwulf's von Wessex (839—858) noch einmal und zwar in umgekehrter Weise werden zu beobachten haben, so dass dort die angegebene Regierungsdauer kürzer ist, als die an den betreffenden Stellen gegebenen Nachrichten über Regierungsantritt und Tod erwarten lassen, schliesst eine Erklärung durch Schreibfehler, welche sich in allen drei Fällen in derselben Weise wiederholt hätten, aus und lässt vermuthen, dass das Ganze der Angelsächsischen Chronik hier irgend eine gleichmässige Veränderung erlitten habe. Es ist nun aber eine bekannte Thatsache, dass manche Angaben der Angelsächsischen Chronik hinter denen anderer Quellen, z. B. der Historia de regibus Simeon's von Durham, gleichfalls um zwei Jahre zurückbleiben. Bei Combination dieser beiden Erscheinungen, des Widerspruchs in der Angelsächsischen Chronik selbst und der ihm correspondirenden Abweichungen von andern glaubwürdigen Quellen, drängte sich die Vermuthung auf, dass nicht bloss in einzelnen Nachrichten der Chronik, sondern in allen in der Zeit zwischen dem Tode Cuthred's von Wessex und Aethelbald's von Mercia einerseits und dem Regierungsantritte Aethelwulf's andererseits ein gleicher Abstand von zwei Jahren von andern glaubwürdigen Nachrichten und überhaupt von der richtigen Jahreszahl, unter welcher sie eigentlich verzeichnet sein müssten, sich finden möchte. Diese Vermuthung ward bei genauerer Prüfung sämmtlicher Angaben der Angelsächsischen Chronik bestätigt, nur nicht so, dass für den ganzen angegebenen Zeitraum die Regel sich als richtig erwies. Der Widerspruch in den Angaben über Aethelwulf's Regierungszeit beträgt nämlich nicht zwei, sondern drei Jahre (836—858; und 18½ Regierungsjahre), und dem entsprechend zeigt der letzte Theil des Zeitraums eine Abweichung von drei Jahren. Die Frage, ob nicht vor

754, dem Ende der Regierung Cuthred's, noch eine gleiche Erscheinung zu beobachten ist, muss verneint werden.

Im Annale 752 heisst es: In diesem Jahre focht Cuthred im zwölften Jahre seiner Herrschaft bei Burford mit Aethelbald.[1]) Da Cuthred 740 zur Regierung kam, kann 752 wohl als sein zwölftes Regierungsjahr bezeichnet werden. Man sieht deutlich, dass die Chronik im Jahre 752 noch nicht mit sich selbst in Widerspruch gerathen ist und darf daraus schliessen, dass sie 752 auch nicht um zwei Jahr hinter der richtigen Zahl zurückgeblieben ist. Ein gleiches lässt sich für das Annale 753, den Kampf Cuthred's mit Wales, weder beweisen, noch lässt es sich widerlegen; es muss unentschieden bleiben, ob er 753 oder 755 stattfand. Lassen wir deshalb dies Annale bei Seite und sagen der Kürze wegen und um einen bestimmten Anfangspunkt zu haben, die Abweichung in der Chronik beginne mit dem Jahre 754. — Ebenso lässt sich ziemlich genau angeben, wann sie aufhört. Sie lässt sich zuletzt ganz sicher beim Jahre 828 nachweisen, und von 829 bis 839 mit einer weitern Abweichung um noch ein Jahr, also im Ganzen um drei Jahre, sehr wahrscheinlich machen. Das Annale 831 scheint richtig angegeben zu sein. Ungewiss bleiben nur noch die beiden Jahre 840 und 845.

Der Beweis.

Innerhalb der Jahre 754 und 828 bieten die Angels. Annalen unter 36 Jahreszahlen etwa 70 besondere Nachrichten. Es lässt sich nun ganz bestimmt nachweisen:

1. dass unter 19 von den 36 Jahreszahlen Ereignisse verzeichnet sind, welche in Wahrheit sich gerade zwei Jahre später zugetragen haben, als die ihnen in der Chronik vorgesetzten Zahlen anzeigen,

2. dass unter drei Jahreszahlen Nachrichten in der Chronik enthalten sind, welche in ihr mindestens um ein

---

1) Chron. Sax. 752. In den jüngeren Handschriften steht falsch im 22. Jahre.

Jahr zu früh angesetzt sind, wobei einerseits die Möglichkeit bleibt, dass auch sie um volle zwei Jahr zu früh verzeichnet sind, andererseits aber die Möglichkeit ausgeschlossen ist, dass die jetzt in der Chronik für sie enthaltene Zahl die richtige ist,

3. dass von keiner der noch übrig bleibenden Angaben glaubwürdig dargethan worden ist, dass das in der jetzigen Gestalt der Chronik sich findende Datum das in Wahrheit ihr zukommende ist und endlich

4. dass sich von keinem Annale nachweisen lässt, dass es um mehr als zwei Jahr zu früh angesetzt ist.

Man wird zugeben müssen, dass an der Richtigkeit der oben aufgestellten Behauptung nicht mehr gezweifelt werden kann, wenn diese vier Punkte erwiesen worden sind. Ist dies zugestanden, dann muss man natürlich auch ein Zeichen dafür haben, dass das betreffende Annale in Wirklichkeit dem zweitfolgenden Jahre angehört. Da möchte nun in Beziehung auf den Modus des Citiren's vielleicht der Vorschlag Anklang finden, dass man zu der bisher üblichen Form, z. B. Chron. Sax. 794, jedesmal in Parenthese die richtige Zahl hinzufüge; also Chron. Sax. 794 (796). So können Verwechselungen am besten vermieden werden.

Der oben versprochene Beweis ist in geringerer Ausdehnung schon früher, 1839, von Kemble versucht worden; Hardy hat die Gründe dieses Gelehrten zu widerlegen gesucht, eine Controverse, deren Einzelheiten unten zur Sprache kommen sollen. Dann hat in neuester Zeit Herr Professor Stubbs in Oxford eine mir nachträglich bekannt gewordene Untersuchung über diesen Gegenstand veröffentlicht, welche den gediegensten Forschungen auf dem Gebiete der angelsächsischen Geschichte beigezählt werden muss. Sie ist nur eine gelegentliche, in der Vorrede zu seiner Ausgabe der Chronik Roger von Hoveden's mitgetheilte Arbeit dieses ausgezeichneten Gelehrten[1].)

---

1) Rogeri de Hovedene Chronica ed. by William Stubbs vol. I Lond. 1868 pag. LXXXV—C.

und scheint auf den ersten Blick völlig zu genügen. Da aber die von ihm beigebrachten Beweise noch nicht vollständig sind,[1] da er ferner an einigen Stellen Argumente vorgebracht hat, gegen deren Beweiskraft von Gegnern der Ansicht Bedenken erhoben werden könnten, und da er endlich die negative Seite des Beweises nicht nur ganz vernachlässigt, sondern ihr sogar entgegen gearbeitet hat, indem er an einigen Stellen eine Abweichung nicht nur von zwei, sondern von drei Jahren annimmt und zu beweisen scheint, andererseits aber die wirkliche Abweichung um drei Jahr 829—839 ganz übersehen hat, scheint es nothwendig, den ganzen Beweis noch einmal vollständig aufzustellen. Ich sehe dabei von einer Vergleichung mit den Northumbrischen Annalen ganz ab; nicht darauf kommt es mir, wie einst Kemble und Hardy und theilweis selbst noch Stubbs,[2] an, die Glaubwürdigkeit der einen Gruppe vor der der andern hervorzuheben. Wir haben es hier nur mit der Angelsächsischen Chronik zu thun und werden zu ihrer Correctur gelegentlich neben den übrigen Quellen die Northumbrischen Annalen heranzuziehen haben, ohne aber je ihnen allein beweisende Kraft zuzuschreiben; wenn sie mit urkundlichen und andern Zeugnissen übereinstimmen, sind sie eine willkommene Bestätigung derselben.

1.

a. **Nachrichten, welche an continentalen Quellen geprüft werden können.**

1) Chron. Sax. 761 (763). Her waes se mycla winter. Der kalte Winter, welcher hier unter 761 angeführt wird, war der des Jahres 763—764; er wird von den An-

---

1) Stubbs sagt p. LXXXVI selbst: The matter branches into so many questions, that it is almost dangerous to approach it; er will nur versuchen, to adjust the chronology of some of the leading events, macht also auf Vollständigkeit gar keinen Anspruch.

2) p. XCI—XCV.

nalen des Festlandes theils 763¹), theils 764²) erwähnt. So auch in England: die Chronik wird ursprünglich 763 gehabt haben; die Northumbrischen Annalen haben 764.³) Die grimmige Kälte dauerte vom 14. Dec. 763 bis zum 16. März 764.⁴)

2) Chron. Sax. 780 (782). Her Ald Seaxe and Froncan gefuhtun. Nicht im Jahre 780, wohl aber 782 wird in den fränkischen Annalen von einem grossen Kampfe der Franken gegen die Sachsen berichtet.⁵)

3) Chron. Sax. 797 (799). Misshandlung des Papstes Leo durch die Römer. Dieselbe fand nicht 797, sondern 799 statt, am Fest des heil. Marcus, am 25. April dieses Jahres.⁶)

4) Chron. Sax. 812 (814). Tod Karls des Grossen. Karl starb am 28. Januar 814.⁷)

5) Chron. Sax. 814 (816). Tod Leo III. Papst Stephan. Leo starb Ende Mai 816 und Stephan wurde in demselben Jahre Papst.⁸)

6) Chron. Sax. 794 (796). Tod Papst Hadrian's. Dieses Ereigniss scheint in keins der beiden genannten Jahre zu fallen; denn Hadrian starb am 25. Decbr. 795.⁹) Da aber in jener Zeit das neue Jahr mit dem ersten Weihnachtstage begonnen wurde, ist Hadrian nach mittel-

---

1) Ann. Einh. 763. SS. I p. 145.
2) Ann. S. Amandi 764. p. 10.
3) Sim. Dun. 764.
4) Oelsner, König Pippin S. 383 A. 2; S. 519 und die daselbst angeführten Quellen. Stubbs p. XCI n. 4 nimmt an, dass die Kälte vom 19. Januar bis zum 16. März gedauert habe; die Ann. Petav. SS. I, 10 (= Ann. S. Amandi), welche er anführt, geben aber 19 Kal. Jan. und 16 Kal. Mart.
5) Ann. Lauriss. 782. SS. I, 162. 164. Stubbs p. XCIV.
6) Jaffé, Reg. Pont. p. 216. Gregorovius, Geschichte der Stadt Rom II, 524. Stubbs p. XCIII.
7) Ann. Einh. 814 p. 201. Stubbs p. XCVI.
8) Jaffé Reg. Pont. p. 220. 221. Stubbs l. c.
9) Jaffé Reg. Pont. p. 215. Ann. Einh. 796 p. 183.

alterlicher Rechnung erst im Jahre 796, am ersten Tage desselben gestorben.

7) Chron. Sax. 827 (829). Her se mona adistrode on middes wintres messa niht. Mondfinsterniss am 25. December. Hier ist dasselbe zu bemerken wie oben; die Mondfinsterniss trat ein am 25. December 828,[4]) das heisst, am ersten Tage des Jahres 829 damaliger Rechnung.

Chron. Sax. 816. Her Stephanus papa fordferde. Papst Stephan starb am 24. Januar 817,[2]) also weder 816, wie unsere Chronik sagt, noch 818, wie wir nach der Formel Chron. Sax. 816 (818) erwarten. Es liegt entweder ein Irrthum des Annalisten oder ein Schreibfehler des Compilators vor, der einzige Fall dieser Art, welcher sich, abgesehen von einem Widerspruch in der westsächsischen Königstafel, in dem Zeitraum von 754—828 nachweisen lässt. Er durfte hier nicht verschwiegen werden, doch ist er weder als Beweis für, noch als Beweis gegen unsere Ansicht zu benutzen.

b. Die mercische Königstafel.
(Fortsetzung.)

8) Chron. Sax. 755 (757). Aethelbald's Tod, Beornred's Herrschaft und Offa's Regierungsantritt.

Dass Aethelbald im Jahre 757 gestorben sei, berichten einstimmig die Walisischen[3]) und die Northumbrischen Annalen,[4]) darauf weist, wie wir oben sahen, die Angelsächsische Chronik selbst hin, indem sie 716 seinen Regierungsantrit meldet und sagt, er habe 41 Jahre geherrscht.[5]) In demselben Jahre, in welchem Aethelbald

---
1) L'art de verifier les dates. Paris 1770 p. 68.
2) Jaffé, Reg. Pont. p. 222.
3) Ann. Cambriae 757 M. h. Br. p. 833. Edwald rex Saxonum moritur.
4) Bedae cont. 757 p. 289. Sim. Dun. 757 p. 662 ed. Hinde p. 20.
5) Die mercische Königstafel bei Huntingdon, auf welche Stubbs p. XCI seinen Beweis gründet, beruht auf der Angelsächsischen Chronik und hat keine besondere Bedeutung. S. unten S. 24.

starb, soll Beonred von Offa vertrieben und Offa selbst auf den Thron gekommen sein. Dieser ward aber nachweislich höchstens am 23. Sept. des Jahres 757 König. Die Urkunde im Codex dipl. n. 139, ausgestellt 780 sept. 22, ind. 3, anno regni 23, lässt schliessen, dass Offa zwischen dem 23. Sept. 757 und dem 22. Sept. 758 seine Herrschaft begonnen habe. Die Urkunde für St. Denys, welche ausgestellt ist: anno 790 apr. 12 (secundo die Pascae, pridiae idus aprilis) ind. 13, regni 33,[1]) zeigt, dass der Regierungsanfang zwischen den 13. April 757 und den 12. April 758 fällt. Combinirt man die Angaben beider Urkunden, so erhält man für denselben die Zeit vom 23. Sept. 757 bis zum 12. April 758, also den Winter des Jahres 757—758. Nach den Urkunden Cod. dipl. n. 162: ann. 793 regni 36; n. 164: ann. 794 regni 37 kann die Epoche nicht mehr genauer bestimmt werden; in den übrigen Urkunden mit Regierungsjahren sind die Zahlen verderbt, sie lassen sich allerdings durch leichte Conjecturen mit den in den genannten Urkunden enthaltenen in Einklang bringen, geben aber auch dann, weil es an einer bestimmten Angabe des Datums fehlt, für die genauere Fixirung der Epoche Offa's keinen Anhalt. Aus den angeführten Belegen geht indess zur Genüge hervor, dass die in der Chronik 755 berichteten Ereignisse höchstens in das Jahr 757 fallen.[2])

9) Chron. Sax. 794 (796). Tod König Offa's. Regierung und Tod Ecgfrith's.

Nach einer 39jähr. Regierung [3]) starb König Offa im Jahre

---

4) Tardif, Monuments historiques Paris 1866 n. 88. p. 68. Félibien, hist. de l'abbaye de S. Denys. Paris 1706 fol. p. XLIII. Doublet p. 719. Bei Tardif und Félibien steht offenbar falsch, wenn auch wohl der Lesart des Originals entsprechend, regni XXIII; Doublet hat den Fehler corrigirt und richtig anno regni tricesimo tertio gesetzt.

2) Ueber einen Versuch, den Regierungsantritt Offa's in das Jahr 758 zu setzen, siehe unten, „Der Beweis" 4.

3) Chron. Sax. 755 (757). Sim. Dun. 796.

796¹) und zwar am 26. Juli.²) Sein Sohn Ecgfrith folgte ihm, starb aber schon, als er erst 141 Tage auf dem Throne gesessen hatte, Chron. Sax. 794 (796), also am 14. Dec. 796. Ihm folgte alsbald ein Seitenverwandter, Coenwulf, welcher nachweislich mindestens am 26. December desselben Jahres schon König war.³) Coenwulf nennt das Jahr 799 das dritte Jahr seiner Regierung,⁴) 801 das fünfte;⁵) am 6. Oct. 803⁶) war er im siebten

---

1) Wir besitzen einen Brief Karl's des Grossen an Offa, welcher im Jahre 796 geschrieben ist, Sickel Act. Kar. K. 148, vergl. Bd. 2, 276, und einen Brief Alcuin's an denselben, in welchem der Tod Aethelred's von Northumbrien (st. 18. April 796) erwähnt wird. Alc. op. p. 57 ep. 42. — Sim. Dun. 796. Zusätze zur Angels. Chronik 796. Vergl. Lappenberg S. 231 A. 2. Stubbs p. XCII. XCIII n. 4. Auch Ann. Cambr. 796 wird Offa's Tod berichtet, so dass in Betreff dieses Annales nicht der geringste Zweifel sich erheben kann. Vergl. noch was über Coenwulf's Regierungsantritt gesagt wird.

2) Sim. Dun. 796: 7 kal. aug. Zusätze zur Angels. Chronik 796 IV (IIII) kal. aug. MS. E: III id. aug. Ich folge hier Simeon, weil einmal die falsche Lesart in MS. E. (III id. aug.) und dann die falsche Angabe in den Zusätzen, Offa habe 40 Jahre regiert (Lappenberg S. 231 A. 2) statt 39, einen Schreibfehler auch in Betreff des IIII kal. aug. statt VII kal. aug. wahrscheinlich macht. Stubbs dagegen setzt p. XCII mit Florenz von Worcester, welcher bekanntlich die Angels. Chronik (MS. D.) nebst den Zusätzen nur übersetzt, Offa's Tod auf IV kal. aug., den 29. Juli und dem entsprechend Ecgfrith's Tod auf den 17. Dec.

3) Cod. dipl. n. 203: ann. 814, ind. 7, regni 18, 7 kal. jan. Pagi will 821 num. 23 beweisen, dass Coenwulf schon vor dem 9. Nov. 796 den Thron bestiegen habe; aber die Urkunde, auf welche er sich stützt, Cod. dipl. n. 197, ist unecht oder mindestens unzuverlässig, weil stark interpolirt. Sie ist aus dem Jahre 811 und spricht schon von Papst Paschalis (817—824).

4) Cod. dipl. n. 1020.
5) Cod. dipl. n. 1023.
6) Codr dipl. n. 184.

Jahre derselben; diese und die von Stubbs p. XCII zusammengestellten Urkunden zeigen, dass Coenwulf 796 oder 797 zur Regierung kam; das Jahr 796 (26. Dec. 795 unserer Rechnung) wird bestimmt nur von der zuerst angeführten im Jahre 814 ausgestellten verlangt. Dass er nicht 819, sondern 821 gestorben ist, nach

10) Chron. Sax. 819 (821), wird dadurch bewiesen, dass er in dem letzteren Jahre noch Urkunden ausstellte.[1]) Eine derselben (n. 214) ist datirt aus dem 25. Regierungsjahre des Königs, in welches derselbe am 15. Decbr. des Jahres 820 eingetreten sein wird; er hat also 24 bis 25 Jahre regiert, wenn er, wie wir annehmen müssen, noch im Jahre 821 gestorben ist. Es liegt nun gar kein Grund vor, um der unzuverlässigen Angaben Huntingdon's willen (p. 735) ihm eine Regierungszeit von 26 Jahren zuzuschreiben, wie es Stubbs (p. XCIII) thun will. Rechnen wir vom 15. Dec. 795 an 22 Jahre, so gelangen wir bis zum December 822; wenn nun sein Sohn Kenelm in der Herrschaft auf ihn folgte, wenige Monate regierte und am 17. Juli starb,[2]) so kann dieses nur der 17. Juli des Jahres 823 gewesen sein, während doch sein Nachfolger Ceolwulf schon im vorhergehenden Jahre 822 am 17. September auf dem Throne sass.[3])

An diesem Beispiele kann man sehen, wie wenig zuverlässig die Angaben sind, welche Huntingdon in den seiner Chronik hinzugefügten Abbreviationes regum giebt und in denen Prof. Stubbs p. XCI. XCII. die mercische Königstafel, doch ohne Zweifel eine auf selbstständigen alten Nachrichten beruhende, zu erkennen glaubt. Huntingdon's Chronik ist für diese Zeit vollständig abhängig

---

1) Cod. dipl. n. 214. n. 1025. Mon. Angl. 1 p. 514; die letztere allerdings mit dem verdächtigenden Zusatze: regni XI. Die erste Urkunde für Abingdon, die zweite für Canterbury. Stubbs p. XCII n. 12.

6) Flor. Wig. 819 p. 546. Stubbs l. c.

3) Cod. dipl. n. 216: 822 ind. 15; XV kal. oct. Kemble sagt 20 September. Vergl. n. 217: 823 Mai 26, gleichfalls vor 17. Juli.

von der Angelsächsischen Chronik, seine abbreviationes sind aber wieder nichts als ein Auszug aus seiner eigenen Chronik, in welchem, wie er selbst p. 734 sagt, ea quae in hoc libro dicta sunt, breviter repetenda sunt; seine Angaben über die Regierungsdauer der Könige berechnete er nach seinem Texte (ut conjicere possumus ex scriptis; l. c), entnahm sie aber nicht einem alten Regentenverzeichnisse.[1]) Huntingdon wird in dem obigen Falle aus Chron. Sax. 794 und 819 die Zahl 26 so berechnet haben, dass er Anfangs- und Schlussjahr mitzählte, wie er es gewöhnlich macht. Sind die Nachrichten, welche Florenz von Worcester u. A. über Kenelm bringen, begründet, dann muss Coenwulf schon in den ersten Monaten des Jahres 821 gestorben sein, was in keiner Weise unmöglich erscheint.

Auf Coenwulf selbst oder auf Kenelm, von welchem aber die Angels. Chr. noch nichts weiss, folgte Ceolwulf, (Chron. Sax. 819 (821)), welcher bis 823 regierte,

11) Chron. Sax. 821 (823), in welchem Jahre er am 26. Mai noch eine Urkunde ausstellte.[2])

12) Chron. Sax. 823 (825). Sein Nachfolger Beornulf ward zwei Jahre später, 825, von den Ostangeln erschlagen. Es kann nicht 823 sondern erst 825 geschehen sein, weil er am 30. Oct. 824[3]) und 825 in der dritten Indiction, im zwanzigsten Jahre des Pontificats Wulfred's (805—832) noch Urkunden ausstellte.[4])

---

1) Vergl. unten A. 4.

2) Cod. dipl. n. 217. Stubbs XCVI. Beornulf kam erst 823 zur Regierung; denn er nennt Cod. dipl. n. 218 das Jahr 824 (Oct. 30) sein zweites Regierungsjahr.

3) Cod. dipl. n. 218: 3 kal. nov. Kemble p. 276 und Stubbs p. XCVII sagen Sept. 30, statt October 30.

4) Cod. dipl. n. 220 p. 280 = Spelm. Conc. 332, wo aber die Pontificatsjahre Wulfred's, die Regierungsjahre Beornulf's, Theile des Textes und die Unterschriften fehlen und statt DCCCXXII zu lesen ist DCCCXXV; Wilk. Conc. 173. Vgl. Cod. dipl. n. 1034. n. 219. — Hier kommt Stubbs selbst (pag. XCVI zu 821 und not. 9)

Nach ihm wird Ludecan zwei Jahre geherrscht haben bis er 827 erschlagen wurde; Chron. Sax. 825 (827).[1]) Sein Nachfolger war Wiglaf, welcher jedoch nach wenigen Jahren 829 von Ecgberht von Wessex vertrieben, Chron. Sax. 827 (829), dann aber im folgenden Jahre 830

13) Chron. Sax. 828 (830) wieder als König eingesetzt wurde. Dass er 830 zum zweiten Mal den Thron bestiegen hat, sieht man aus einer noch erhaltenen Originalurkunde (Stubbs p. XCVII n. 6), welche er 831 anno primo secundi regni mei ausstellte,[2]) und aus einer andern, in welcher er 836 das siebente Jahr seiner Regierung nennt.[3])

c. Die westsächsische Königstafel.

(Fortsetzung.)

Man hat oft versucht, die Regierungszeit der Könige von Wessex zu fixiren; es ist bisher nicht gelungen. Bei einem nochmaligen Versuche gilt es, mit möglichster Vorsicht zu Werke zu gehen. Zunächst müssen wir einen festen Ausgangspunkt zu gewinnen suchen. Ein solcher ist das Jahr 802 als Regierungsanfang Ecgberht's:

---

mit den Angaben Huntingdon's in die Enge: Ceolwulf soll drei Jahr und doch nur von 821 (p. XCVI) oder 822 (p. XCV) bis 823 regiert haben; Beornulf soll ein Jahr König gewesen sein und doch vom dritten Jahre seiner Regierung sprechen (Cod. dipl. n. 220). Jeder Erklärungsversuch ist hier vergebliche Mühe. Der von Stubbs l. c. n. 9 gemachte ist nicht recht verständlich. Stubbs setzt übrigens selbst gegen Huntingdon's Autorität p. XCVII Beornulf's Tod 825.

1) Nach Huntingdon p. 735 und Stubbs p. XCVII geschieht dies schon im ersten Jahre seiner Regierung, also 725; Stubbs führt hier die Angels. Chr. (Chron. Sax. 825) als Beleg für dieses Jahr in derselben Untersuchung an, in welcher er nachweisen will, dass ihre Angaben immer um zwei Jahr zu früh angesetzt sind.

2) Cod. dipl. n. 227.

3) Cod. dipl. n. 237. Dieselbe Urkunde steht Mon. Angl. I, 588, aber mit falsch gelesenen Zahlen: DCCCXXXIII statt DCCCXXXVI und regni IIII statt VII. Jnd. 14 gehört zu 836.

14) Chron. Sax. 800 (802). Die Northumbrischen Annalen sind Zeugniss dafür (Sim. Dun. 802) und sodann die Urkunden. Ecgberht's Vorgänger Beorhtric stellt noch 801 eine solche aus, also kann Ecgberht selbst nicht schon 800 König gewesen sein. Auch seine eigenen Urkunden gestatten nicht dies anzunehmen; z. B. Cod. dipl. n. 1031: anno 824, ind. 2, anno Ecgberti regis 23. Rechnen wir nämlich, soviel zugebend als nur eben gefordert werden kann, dass Ecgberht am 24. Dec., also am letzten Tage des Jahres 800, auf den Thron gekommen sei, so würde sein 23. Regierungsjahr in die Zeit vom 24. Dec. 822 bis zum 23. Dec. 823 zu setzen sein, aber sicher nicht mehr in das Jahr 824 fallen, wie es jene Urkunde verlangt. Sie erlaubt uns nur, den Regierungsanfang zu suchen zwischen dem 25. Dec. 801 (800 unserer Rechnung) und dem 23. Dec. 802.[1]) Andere Urkunden beschränken diese Zeit, so Cod. dipl. n. 1035: Acta sunt haec omnia ann. dom. inc. 826, ind. 4, anno Ecgberti regis 24, ducatus autem sui 14. Dieselbe Datirung findet sich Cod. dipl. n. 1036, 1037. Sie fordert, dass man Ecgberht's Regierung zwischen dem 25. Dec. 802 (801 unserer Rechnung) und dem 23. Dec. 803 beginnen lasse. Cod. dipl. n. 1031 setzte als Schlusspunkt den 23. Dec. 802 fest; verbindet man dies hiermit, so ergiebt sich, dass Ecgberht in der Zeit zwischen dem 25. Dec. 802 (801) und dem 23. Dec. 802 muss auf den Thron gekommen sein. Vor ihm herrschte König Beorhtric 16 Jahre lang,[2]) also vom Jahre 786 an,

---

1) Ueber die Datirung von Cod. dipl. n. 236 vergl. unten.

2) Chron. Sax. 784 (786). Simeon s. a. 786 und nach ihm Hardy zu Malmesbury Gesta regum p. 60 n. 3 geben die Zahl 17 an, während doch Simeon selbst Beorhtric's Regierung von 786—802 ansetzt, also factisch nur 16 Jahre dauern lässt. Auf diese Zeit weist auch die Angels. Chr. hin, wenn sie Regierungsantritt und Tod 784 und 800 oder 786 und 802 berichtet. Hardy muss, um die 17 Regierungsjahre zu halten, zu einer Zahl greifen, für welche sonst nirgends der mindeste Anhalt ist; er setzt nämlich Beorhtric's Regierungsanfang 785. — Stubbs p. XCIII nimmt 16 Jahre an.

15) Chron. Sax. 784 (786), ein Zeitpunkt, welchen auch die Northumbrischen Annalen angeben.¹) Oben (S. 27 ward schon Beorhtric's Urkunde vom Jahr 801 erwähnt; dieselbe hat folgende Datirung: anno DCCCI, ind. IX, regni XII. Zählt man von 801 elf oder zwölf Jahre rückwärts, so kommt man zu 790 oder 789, Jahre, in denen Beorhtric sicher nicht zur Herrschaft gekommen ist, welche anzunehmen sonst mindestens gar kein Grund vorliegt. Es muss in der Datirung jedenfalls geändert werden. Stevenson nimmt 784 als Regierungsanfang (nach Chron. Sax. 784) und liest dem entsprechend: DCCXCVI, ind. IV, regni XII.²) Wäre auch 784 richtig, so würden doch diese Aenderungen zu gezwungen erscheinen, um Glauben zu verdienen. Ich lese dagegen: DCCCI ind. IX regni XV, nur XII in XV verwandelnd und halte diese Conjectur ihrer Einfachheit wegen für so sicher, dass ich es wage, die durch sie gewonnene Zahl 15, da doch 12 auf keine Weise zu halten war, sogleich wieder als Beweis für das Jahr 786 zu benutzen.

Im Jahre 740 kam Cuthred zur Regierung (oben S. 14), 786 starb Cynewulf und ward Beorhtric König. Von diesen beiden Punkten aus müssen wir weiter operiren. Cuthred regierte nach der Angels. Chr. 16 Jahre, Sigebryht ein Jahr und Cynewulf 31 Jahre, die drei zusammen also 48 Jahre, welche von 740 nicht nur bis 784 (Chron. Sax. 784), auch nicht nur bis 786 nach Chron. Sax. 784 (786), sondern bis 788 führen, also sicher einen Fehler enthalten. Da von Sigebryht's einjähriger Regierung wohl nichts abgezogen werden kann, muss Cuthred entweder 16 statt 14 oder Cynewulf statt 31 nur 29 Jahre regiert haben. Für jenes spricht die alte, für dieses die rectificirte Gestalt der Angels. Chr.; für eine 14jährige Regierung Cuthred's lässt sich im Uebrigen aber gar nichts anführen³),

---

1) Sim. Dun. 786.
2) Chron. mon. de Abingdon II, 500.
3) Flor. Wig. und Malm. (oben S. 14 A. 4) sind eben von der Angels. Chr. in ihrer bisherigen Gestalt wie überall so auch hier abhängig.

für die 29 Jahre Cynewulf's dagegen sprechen die Northumbrischen Annalen: die Lindisfarner Annalen geben bestimmt an, Cynewulf habe 29 Jahre regiert,[1]) und der Fortsetzer Beda's lässt ihn dem entsprechend 757 zur Herrschaft kommen;[2]) daher muss man, wie schon oben S. 15 erwähnt, annehmen, dass nicht Cuthred's 16, sondern Cynewulf's 31 Jahre um zwei zu kürzen sind. Cynewulf hat nur 29 Jahre regiert,[3]) und zwar von 757, entsprechend Chron. Sax. 755 (757), bis 786.[4]) Sigebryht's

---

1) Ann. Lind. 740. SS. XIX 505.

2) Bed. Cont. 757; allerdings steht wörtlich da: Cynivulfus rex occidentalium Saxonum obiit; aber dieses obiit kann nur Schreibfehler eines Copisten sein. Merkwürdig ist, dass derselbe Fehler, Cynewulf's Tod gleich bei seinem Regierungsantritte zu melden, auch in der Angelsächsischen Chronik 755 (757) sich findet. —. Dass Simeon Cuthred's Tod 755 berichtet (oben S. 15), beweist weder etwas für 754, noch für 756, um welche beiden Jahre es sich handelt.

3) Hardy zu Malmesbury § 42 p. 57 nimmt gleichfalls 29 Jahre an; er glaubt aus uno et triginta annis bei Malm. l. c. emendiren zu können uno de triginta annis. Malmesbury's Angabe beruht auf der unserer Annalen und in ihnen muss geändert werden; vielleicht ist XXIX statt XXXI zu lesen (? 29 = XXVIIII). In gleicher Weise wie Cynewulf geben die Angelsächsischen Annalen auch Cenwalch (643—672) XXXI Regierungsjahre statt XXIX, ebenfalls im Widerspruch mit ihren eigenen Angaben. Chron. Sax. 643. 672. Earle p. 26. 34. Vielleicht liegen an beiden Stellen für denselben Fehler gleiche Ursachen zu Grunde. — Cynewulfs Regierungsdauer wird sehr verschieden angegeben: zu 23 (Henr. Hunt. Abbrev. p. 734), 26 (Rog. de Hov. ed. Stubbs I, 34), 29 (Ann. Lind. 740), anno regni 30 (Flor. Wig. p. 641 und Hunt. p. 731 im Text) und 31 Jahren (Chron. Sax. 755 (757) und Malmesbury l. c.). Nur die 33 Jahre, welche Stubbs p. XCII angiebt, finden sich nirgends.

4) Hardy nimmt 756—785 an, zwei Zahlen, welche direct bei keinem Autor und in keiner Urkunde überliefert sind oder gefordert werden. Malm. p. 60. n. 3. Ganz unhaltbar ist, was Stubbs p. XCII num. 4 vorbringt, Cynewulf habe 33 Jahre von 753—786

einjährige Regierung fällt dann von 756 nach Chron. Sax.754 (756), bis 757 nach Chron. Sax. 755 (757) und Cuthred's 16jährige Regierung von 740 — 756.

Wenden wir uns wieder zum Jahre 802. König Ecgberht soll 37 Jahre und 7 Monate geherrscht haben. So berichtet die Angels. Chr.[1]) Sie lässt aber seine Regierung 800 beginnen und 836 aufhören, also nur 36, sicher nicht 37 Jahre und 7 Monate dauern. Welche ihrer Angaben ist richtig? Hat Ecgberht 36 Jahre regiert, von 802 bis 838, oder 37 Jahr und 7 Monat, von 802—839? Denn nur diese beiden Fälle können in Frage kommen. Dass sein Tod nicht mit der bisherigen Gestalt der Chronik in das Jahr 836, sondern mindestens 838 gesetzt werden muss, ist deshalb unzweifelhaft, weil Ecgberht noch im letztern Jahre Urkunden ausstellte. (Cod. dipl. n. 239. 240). Vielleicht wäre aber zu lesen Chron. Sax. 837 (839) oder, welche Formel aus andern später zu besprechenden Gründen den Vorzug verdient, 836 (839), also mit einer Abweichung von drei Jahren. Die Frage ist schwer zu entscheiden. Giebt es Gründe, welche für die eine der beiden Nachrichten der Angels. Chr. entscheidend sind? Für 36 Jahre spricht Simeon von Durham;[2]) aber man darf wohl daran zweifeln, dass er in diesem Falle seine Angabe aus den alten Northumbrischen Annalen entnommen hat. Diese brechen bekanntlich mit dem Jahre 803 plötzlich ab. Simeon berichtet nun 802 den Tod Beorhtric's nach den alten Annalen, dann fügt er aus Asser's Leben Aelfred's die Geschichte der Eadburg hinzu und sagt hierauf, Ecgberht habe 36 Jahre regiert, letzteres doch wohl nicht nach jenen alten Annalen, welche sonst bis 838 ge-

---

regiert. Es muss auf Versehen beruhn. Weder ist irgendwo in den Quellen von einer 33jährigen Regierung Cynewulfs die Rede (s. oben A. 3), noch lassen die Gesta Northanh., wie er sagt, dieselbe von 753 — 786 dauern; vielmehr 757 — 786; und endlich berichten die Angelsächsischen Annalen nicht, er habe von 754 — 784 regiert, sondern sie geben 755 — 784 an.

1) Chron. Sax. 836 (839).
2 Sim. Dun. 802.

reicht haben müssten. Nach Hinde's Bemerkung (Sim. Dun. I p. 42 n. z) stehen die Worte Regnavit annis XXXVI im Manuscript at the foot of the page und erweisen sich also auch schon dadurch als später hinzugefügt; es ist demnach immerhin möglich, dass hier die Berechnung eines Compilators nach der jetzigen Gestalt der Angels. Chr. vorliegt, andererseits ist es aber auch möglich, dass derselbe die Nachricht aus andern jetzt verlorenen, vielleicht Northumbrischen Annalen entnommen hat. Mindestens ist unter diesen Umständen die Autorität Simeon's nicht entscheidend. — Ihr gegenüber spricht für die 37jährige Regierungsdauer und die Lesart 836 (839) folgender Grund. König Aethelwulf stirbt im Jahre 858, zwei Jahre nach seiner Rückkehr aus dem Frankenreiche,[1]) welche in das Jahr 856 fällt. Er hat nach der Angels. Chr. 18 und ein halbes Jahr regiert, kann also erst 839 zur Herrschaft gekommen sein, und zwar höchstens in der letzten Hälfte des Jahres. Dass der Annalist hier schon genauere Nachrichten hatte, sieht man daraus, dass er bei Aethelwulf's wie bei Ecgberht's Regierung nicht bloss ganze Jahre, sondern auch die Monate angiebt. Will man nun am Jahre 838 festhalten, so muss man nicht nur statt 18 und ein halb für Aethelwulf's Regierung 19 und ein halb, sondern auch statt 37 Jahr und 7 Monate für Ecgberht's Regierung 36 Jahr und 7 Monat lesen, also doppelt ändern und zwar an Zahlen, welche, wie oben bemerkt, auf besondere Genauigkeit Anspruch zu haben scheinen. Dieser Grund wird genügen, als Formel 836 (839) festzustellen. Die Urkunden bieten kein Hinderniss. Ecgberht stellt noch 838, Aethelwulf zuerst 839 solche aus; damit ist natürlich nicht gesagt, dass Ecgberht schon 838 gestorben sei; denn es ist leicht möglich, dass seine etwa noch im

---

1) Chron. Sax. 855: ymb II gear đaes đe hc of Francum com; so MS. B. C. D. E; dagegen steht im MS. A. G. on Francum, was auf das Jahr 857 hinweisen würde; dass auch hier MS. A. nicht die bessere Lesart hat, ergiebt sich aus Prud. Trec. 858: Edilvulf rex occidentalium Saxonum moritur. M. G. SS. I, 451.

Jahre 839 ausgestellten Urkunden verloren sind, wie wir ja überhaupt nur aus wenigen Jahren seiner langen Regierungszeit urkundliche Zeugnisse besitzen. Ich glaube in dem Wortlaute der Datirung von Aethelwulf's erster Urkunde eine Bestätigung der Ansicht, dass Ecgberht erst 839 gestorben sei, finden zu dürfen. Es heisst daselbst (n. 240): Anno 839 ind. 2 primo videlicet anno regni Eðelwulfi post obitum patris sui factum est conciliabulum. Man sieht nicht, weshalb 839 noch gesagt wird, „post obitum patris sui", wenn der Vater schon 838 gestorben war. Die Worte haben nur Sinn, wenn sie bedeuten sollen „gleich oder bald nach dem Tode des Vaters."

Stellt dieser Umstand auch für sich keinen genügenden Beweisgrund dar, so kann er doch als eine Bestätigung des oben Ausgeführten gelten.

d) Die Erzbischöfe von Canterbury.

Mit der Feststellung der westsächsischen Königstafel ist der schwierigste Punkt überwunden. Die Fasti der Erzbischöfe von Canterbury bieten nur scheinbar noch besondere Schwierigkeiten. Stubbs hat solche hervorgerufen, indem er auch hier die Nachrichten der Angels. Chr. durch andere, ihnen dem Anschein nach widersprechende, in Wahrheit aber von ihnen abhängende, controliren und berichtigen will. Er benutzt p. XCII n. 1 und p. 8 n. 6 für die Fixirung von Bregwin's Pontificat die von Wharton herausgegebene und nach dessen Meinung von Osbern verfasste Vita Bregwini,[1]) nach welcher dasselbe 6 bis 7 Jahr (anno septimo) gedauert haben soll. Diese Vita ist aber nur ein Auszug aus der nach dem Jahre 1122 verfassten gleichnamigen Schrift Eadmer's,[2]) welcher nach Hardy von John of Tinmouth angefertigt und bei Capgrave unter dessen Namen abgedruckt ist.[3])

---

1) Anglia sacra II, 75 seq.
2) Anglia sacra II, 186.
3) Hardy, Catalogue I, 484.

Die Vita Bregwini von Eadmer, seine nachlässig ausgeschriebene Quelle, beruht aber wesentlich wieder auf der Angels. Chr; denn ihre chronologischen Angaben hängen vollständig von dieser ab, und die in der Chronik stehenden Annalen der folgenden Jahre (z. B. 760. 761. 787) sind von Eadmer in seine Erzählung verwebt. Was aber die von Stubbs l. c. angezogene Stelle in Osbern's oder vielmehr Tinmouth' Vita Bregwini selbst betrifft, so liegt ihr ein arger Schnitzer des Excerptors zu Grunde. Eadmer, welcher Bregwin übrigens gleich unseren Annalen ein Pontificat von drei Jahren zuschreibt,[1]) sagt p. 190: memoria transitus beatissimi viri VII kal. Sept. recolitur. Diese Worte hat Tinmouth vor sich und liest in seiner Flüchtigkeit VII anno kal. Sept., und so steht denn bei ihm l. c. p. 76: Tandem archiepiscopatus sui anno septimo — — coelestia conscendit kal. sept. Stubbs folgt ihm und nimmt p. XCII n. 3 als Anfang des siebenjährigen Pontificats das Jahr 759 aus der Chronik, auch hier vergessend, dass seine Untersuchung eben zum Ziele hat, ihre Angaben als falsch zu erweisen; den Endpunkt dagegen, das Jahr 765, muss ihm Simeon bieten. — Dean Hook ist in seinem Werke über die Erzbischöfe von Canterbury in Bezug auf Chronologie völlig unselbstständig und von Stubbs abhängig;[2]) ebenso Hamilton in seiner Ausgabe der Gesta pontificum Malmesbury's.[3]) Die restaurirte Gestalt der Angelsächsischen Annalen ist auch hier zu Grunde zu legen. Da Eadmer und die andern sog. Canterbury Historiker in der Regel mit der Chro-

---

1) p. 187: tribus siquidem annis vixit in pontificatu.

2) Lives of the archbishops of Canterbury Vol. I Lond. 1860 vergl. p. IX.

3) Lond. 1870; im Index. Stubbs' Registrum sacrum Anglicanum, welchem beide folgen, scheint leider nicht im Buchhandel erschienen zu sein. Die Resultate dieses, so weit die Angaben bei Hook und Hamilton es erkennen lassen, sehr gediegenen und zuverlässigen Werkes hat Stubbs auch bei der oft citirten Abhandlung zu Grunde gelegt.

nik übereinstimmen und jedenfalls von ihr abhängen, so kommen sie nicht in Betracht. Sie geben nur genauer die Tage der Weihe und des Todes an, welche hier aus einem derselben, aus Gervasius von Canterbury[1]) (1162 bis c. 1205) und daneben aus Florenz von Worcester entnommen werden sollen.

Nachdem Cuthberht am 26. Oct. (Gerv. l. c. Flor. Wig. 758) des Jahres 760 nach Chron. Sax. 758 (760) gestorben war, bestieg Bregwin den erzbischöflichen Stuhl. Im folgenden Jahre zu St. Michaelis am 29. Sept. wurde er geweiht, Chron. Sax. 759 (761), unterzeichnete mehrere Urkunden zwischen den Jahren 761 und 764[2]) und starb am 24. (Flor. Wig.) oder 25. Aug. (Gerv.) des letztgenannten Jahres. Das Jahr 764 fordern die Urkunden statt 762 (Flor. Wig. 762). Da nun Bregwin im August starb, sein Nachfolger Jaenberht am 2. Febr. geweiht wurde, so kann dies höchstens der 2. Febr. 765 sein, wodurch die Formel

16) Chron. Sax. 763 (765) gefordert wird. Dass Bregwin vier Jahre Erzbischof gewesen sei, besagt nur der spätere Zusatz zu Handschrift F und kann Oelsner (König Pippin S. 428 A. 3) nicht zugegeben werden..

Nach 27jährigem Präsulat (Gerv.) am 12. August (Flor. Wig.) des Jahres 792, Chron. Sax. 790 (792), starb Jaenberht.[3]) Ihm folgte Aethelheard, in demselben Jahre gewählt, Chron. Sax. 790 (792), aber erst im folgenden, 793, am 21. Juli consecrirt.[4]) Er war 13 Jahre Erzbischof[5]) bis zum Jahre 805:

17) Chron. Sax. 803 (805). Die letzte seiner Ur-

---

1) Twysden col. 1641.

2) Cod. dipl. n. 106—112. Num. 114 setzt Kemble 759—765; es muss jetzt heissen 761—764.

3) Urkunden von ihm unterzeichnet 765—789, Cod. dipl. n. 113—157.

4) Flor. Wig. 793.

5) Urkunden von ihm 793—805, Cod. dipl. n. 162—189. Num. 159 ist nicht 790, sondern 795, im 38. Jahre Offa's, ausgestellt. Lappenberg S. 272 Anm.

kunden ist aus dem Jahre 805;[1]) und zwar ist dieselbe, wie sein Nachfolger Wulfred sagt,[2]) von ihm kurz vor seinem Tode ausgestellt. Er soll am 12. Mai gestorben sein;[3]) am 6. August 805 treffen wir zuerst seinen Nachfolger.[4]) Erzbischof Wulfred giebt in verschiedenen Urkunden an, wie lange er schon auf dem erzbischöflichen Stuhle sitze;[5]) sie weisen alle auf das Jahr 805 als den Anfang seines Pontificats hin. Zuletzt unterschreibt er eine Urkunde vom 28. Aug. 831, welche noch im Original erhalten ist.[6]) Daraus geht hervor, dass die Angels. Chronik seinen Tod mindestens zwei Jahr zu früh ansetzt, und dass von dieser Seite die Formel Chron. Sax. 829 (831) auch hier gerechtfertigt ist. Es kann aber gefragt werden, ob Wulfred nicht noch über das Jahr 831 hinaus etwa bis 832 gelebt habe.[7]) Stubbs, welcher übrigens irrthümlich angiebt, nach der Chronik falle Wulfred's und Feologild's Tod und Ceolnoth's Wahl in dasselbe Jahr 830,[8]) weist dies nach: am 31. Aug. 831 unterzeichnete Wulfred jene Urkunde; er starb nach dem Obit. Cant. am 22. März, dieses kann also nur der 22. März 832 gewesen sein. Die Formel Chron. Sax. 829 (831) weist aber

---

1) Cod. dipl. n. 189. Stubbs p. XCVI.

2) Cod. dipl. n. 195 (811): paulo ante obitum suum.

3) Obit. Cant. Angl. sacra I, 53.

4) Cod. dipl. n. 190, auf einer Synode, auf welcher, vielleicht zur Consecration des neuen Erzbischofs, alle 12 Suffraganbischöfe erschienen waren. Hook p. 270.

5) Cod. dipl. n. 195. 196. 199. 200. 222.

6) Cod. dipl. n. 229 (MS. Cott. Aug. II. 94. Cod. dipl. I p. CXXVIII.) Stubbs p. XCVII n. 6.

7) Die Datirung der Urkunden Cod. dipl. n. 228 (831) und n. 1040 (831), welche von Ceolnoth unterschrieben sind und demnach die Möglichkeit, dass Wulfred noch 832 Erzbischof gewesen sei, auszuschliessen scheinen, ist Kemble's Eigenthum und kommt nicht in Betracht.

8) p. XCVII; vielmehr meldet sie Wulfred's Tod s. a. 829, die beiden andern Ereignisse 830.

auf das vorhergehende Jahr hin. An einer der drei angeführten Stellen ist unzweifelhaft ein Fehler; entweder ist die Datirung der Urkunde falsch, oder die Angabe des Obit. Cant. oder jene Formel. Die Datirung der Originalurkunde wird doch wohl genau sein; da ferner ausser dem Obit. Cant. auch Gervasius und alle andern Canterbury Historiker Wulfred's Tod übereinstimmend auf den 22. März setzen, so muss man annehmen, dass nicht sie, sondern jene Formel den Fehler enthalte, dass hier und, wie sich unten weiter zeigen wird, von hier an bis 839 die Angels. Chronik nicht nur um zwei, sondern um drei Jahr zurück ist. Ich lese also: Chron Sax 829 (832): Wulfred stirbt. Chron. Sax. 830 (833): Ceolnoth wird gewählt u. s. w. Der einzige Einwurf, den man hiergegen machen könnte, ist der, dass nach Cod. dipl. n. 1042 Ceolnoth schon 832 Erzbischof genannt wird. Stubbs sagt p. XCIX n. 4, diese Urkunde sei nichts als ein Auszug aus der undatirten, bei Kemble vor ihr abgedruckten (n. 1041) und erst später mit einem Datum versehen, with a modern date prefixed. Sollte sich diese Behauptung nicht rechtfertigen lassen, dann liegt eine Veränderung des DCCCXXXII in DCCCXXXV, welche alle Schwierigkeiten beseitigt, bei einer nur von einem jüngeren Autor (Twysd. col. 2217) aufbewahrten Urkunde sehr nahe.

e) Einzeln stehende Nachrichten.

18) Chron. Sax. 760 (762). Tod König Aethelberht's von Kent. Aethelberht ist nicht 760, sondern erst 762 gestorben; denn in diesem Jahre stellte er noch eine Urkunde aus. (Cod dipl. n. 108). Er hat aber auch nicht über das Jahr 762 hinaus gelebt, denn noch in demselben Jahre ging Dunwald, welcher in des Königs Dienst gestanden hatte, nach Rom, um für das Seelenheil des Verstorbenen dem Papste Geld zu bringen und in Rom für ihn zu beten. (Cod. dipl. n. 109.)

19) Chron. Sax. 772 (774). Tod Bischof Milred's von Worcester. Derselbe urkundete noch 774. (Cod. dipl. n. 124).

Chron. Sax 785 (787). Stürmische Synode zu Cealchyđ. Erzbisthum Lichfield errichtet. Ecgfriđ zum Könige gesalbt. — Stubbs hat unzweifelhaft Recht, wenn er p. XCIV. XCV. diese Ereignisse in das Jahr 787 setzt, aber bewiesen hat er es nicht. Ecgfriđ, sagt er, hat bis 787 als filius regis, von 788 an als rex unterzeichnet. Dagegen ist zu bemerken, dass derselbe auch nach dem Jahre 788 in mehreren Urkunden nicht rex, sondern filius regis heisst.[1]) Hygebriht, der neue Erzbischof, soll erst 788 als solcher, vorher nur als Bischof unterschrieben haben. Gilt dieser Grund als Zeitbestimmung für das Concil, dann hat dasselbe nicht 787, sondern erst 788 stattgefunden; denn auch noch in einer Urkunde dieses Jahres unterschreibt Hygebriht als Bischof. (Cod. dipl. n. 153.) Das Concil, welches die päpstlichen Legaten in Northumbrien abhielten, ging dem in Mercia zu Cealchyđ gehaltenen voraus;[2]) das northumbrische ward am 2. Sept. 787 zu Finchale gehalten, also fällt das mercische in die Zeit nach dem 2. Sept. 787. So Stubbs.[3])

---

1) Cod. dipl. n. 164. 166. 167. Rex zuerst 788 n. 152.

2) Spelm. p. 293. 301.

3) In seinem neuesten Werke (Councils and ecclesiastical documents relating to Great Britain and Ireland edited after Spelman and Wilkins by A. W. Haddan B. D. and Will. Stubbs M. A. Vol. III. Oxford 1871) hat Stubbs, wie ich soeben durch die Mittheilung eines Freundes erfahre, diese Ansicht weiter ausgeführt; er hat es, gestützt auf die schon angeführte Urkunde n. 153, in welcher Hygebriht im Jahre 788 noch Bischof genannt wird, für glaublich erklärt, dass das Concil von Chelsea in den Anfang des Jahres 788 falle. Dass der neue Erzbischof das Pallium nicht vor diesem Jahre erhalten hat, scheint mir sicher; da aber nirgends gesagt wird, er habe es auf dem Concile der Legaten empfangen, so ist jene Thatsache für die Zeitbestimmung des letzteren ohne jede Bedeutung. Das Pallium mag erst eingetroffen sein, als die Legaten schon wieder abgereist waren, oder ist erst gar, wie mir richtig scheint, nach ihrer Heimkehr und nachdem sie dem Papste Bericht erstattet hatten, von diesem abgesandt worden.

Das Concil zu Finchale vom 2. Sept. 787 kann nicht mit dem von den päpstlichen Legaten in Northumbrien abgehaltenen identisch sein ¹) Simeon von Durham erzählt 786, dass die Abgesandten des Papstes nach Britannien gekommen, dass sie von den Königen und Bischöfen ehrenvoll empfangen und dann in Frieden mit grossen Geschenken zurückgekehrt seien. Sodann berichtet er unter dem Jahre 787 dass eine Synode zu Pinchala am 2. Sept. abgehalten sei. Es ist aber undenkbar, dass der Verfasser der im Allgemeinen gleichzeitig niedergeschriebenen Northumbrischen Annalen schon 786 sollte die Abreise der Legaten erzählt haben, wenn der Haupttheil ihrer Thätigkeit, eben die Abhaltung jener Synode, erst in die letzten Monate des folgenden Jahres 787 fiel. Die Schwierigkeit würde auch noch nicht schwinden, wenn ein schärferer Kritiker entdeckte, dass das Annale des Jahres 786 (Tempore illo etc.) und das des Jahres 787 ursprünglich verschiedenen Quellen angehört hätten. Wenn ferner auf dem Concil der Legaten ein Aldberich abbas unterschreibt (Spelm. p. 301), und ungefähr zur Zeit (in quo tempore) des Concils zu Finchale vom 2. Sept. 787 der Abt Albert von Ripon stirbt (Sim. Dun. 787), so sieht man nicht, wie Stubbs p. XCIV n. 6 darin einen Grund finden kann, beide Versammlungen zu identificiren. Ebenso gut wie zu Finchale am 2. Sept. kann Albert auch vorher, Anfang des Jahres 787 oder Ende 786, auf dem Concil der Legaten gewesen sein.

Will man für dieses und das später in Mercia abgehaltene die Zeit fixiren, so kann es nur auf folgende Weise geschehen: Die Gesandten kamen im Jahre 786 nach England,²) sie kamen, als noch Cynewulf (757—786; s.

---

1) Vgl. hierüber jetzt Stubbs Councils III 443, welcher mit Recht der Datirung Simeon's (787) vor der der Northumbrischen Zusätze in MS. D. E. F. der Angels. Chr. (= Flor. Wig.; = Henr. Hunt.) (788) den Vorzug giebt.

2) Sim. Dun. 786. Die Magdeburger Centuriatoren, denen wir die Erhaltung der Synodalacten verdanken, setzen die Ankunft der

oben) auf dem westsächsischen Throne sass; denn dieser erschien bald nach ihrem Eintreffen zugleich mit König Offa auf einem zu ihrem Empfange abgehaltenen Concile (Spelm. p. 292). Sie durchzogen das ganze Land; der eine derselben, Bischof Gregorius, ging nach Northumbrien; hier musste er lange auf des Königs Ankunft warten, quia praefatus rex longe in borealibus commorabatur Spelm. p. 293), endlich wurde derselbe gerufen, er kam und setzte sofort (continuo) einen Tag für das Concil fest, zu welchem dann die Grossen des Landes zusammenkamen. Nachdem dieses abgehalten war, begab sich Gregorius wieder nach Mercia, wo nun gleichfalls ein Concil zu Cealchyth zusammenberufen wurde. — Bedenkt man die Reisen durch das Land, die Verzögerung in Northumbrien, die Zeit, welche jedesmal zwischen Berufung und Zusammentritt der Versammlung verfloss, so ist es sehr wahrscheinlich, dass die zweite derselben erst 787 abgehalten wurde und dass sie mit der geflit fullic senoð zu Cealchyth, welche von den Angelsächsischen Annalen 785 (787) erwähnt wird, identisch ist; es würde sich hiernach aber schwerlich rechtfertigen lassen, wenn man die von König Aelfwold sofort nach seiner Rückkehr berufene Witenagemota nicht nur überhaupt 787, sondern sogar erst in den September dieses Jahres setzen wollte. Ueber den Zeitpunkt des zweiten Concils zu Cealchyth oder Chelsea lässt sich aus den Unterschriften der Acten desselben nichts Genaueres feststellen; die Unterfertiger lebten, soweit eine eingehende Untersuchung es bestimmen konnte, sämmtlich um diese Zeit; es liess sich aber nur nachweisen, dass einige nicht vor dem Jahre 785, andere nicht nach 789 die ihnen hier zugeschriebenen Würden inne gehabt haben können. Aber die oben angeführten Gründe werden auch schon genügen, für die zweite Synode der

---

Legaten gleichfalls 786. Sie geben aber keine Quelle an und werden auch keinen andern Anhalt gehabt haben, als die in irgend einer jüngeren Compilation oder Bearbeitung ihnen zugängliche Nachricht Simeon's.

Legaten das Jahr 787 als ziemlich sicher darzuthun; die von Stubbs p. XCIV angegebenen und oben S. 37 besprochenen Gründe können in der Fassung, dass Ecgfrith nicht vor 788 König und Hygebriht nicht vor 788 Erzbischof genannt wird, (soweit dies nämlich die uns erhaltenen wenigen Urkunden erkennen lassen,) jenen in gewisser Weise zur Bestätigung dienen.

20) Chron. Sax. 794 (796) and Ceolwulf biscop and Eadbald biscop of ðaem londe aforon. Die Uebersetzer der Angels. Chronik haben diese Stelle wörtlich übertragen und sich nicht über den Sinn derselben ausgesprochen. Man könnte denken, es solle in ihr gesagt sein, dass die genannten Bischöfe England verlassen und vielleicht, wie es so viele thaten, Rom aufgesucht hätten, um dort den Rest ihrer Tage zu verbringen. Liesse sich dies auch von Ceolwulf annehmen, welcher bereits 31 Jahre Bischof war, so müsste es doch auffallen bei Eadbald, welcher erst kurze Zeit seine Würde bekleidete. Man darf wohl vermuthen, dass mit dem Ausdrucke of ðaem londe aforon das Verlassen dieser Erde, das Sterben hat bezeichnet werden sollen, wenn man in den Northumbrischen Annalen liest, dass Bischof Ceolwulf in der That 796, welchem ja Chron. Sax. 794 (796) entspricht, gestorben ist [1]) Ein Beweis dafür, dass Ceolwulf, welcher 794 und 795 noch seinen Sitz inne hatte,[2]) erst im Jahre 796 denselben, sei es nun freiwillig oder unfreiwillig, verliess, ergiebt sich aus dem Umstande, dass sein Nachfolger Eadwulf unter König Ecgfrith (26. Juli bis 14. Dec. 796), also in der zweiten Hälfte dieses Jahres, wohl schon gewählt (electus), aber noch nicht consecrirt war [3])

21) Chron. Sax. 799 (801). Her Aeðelheard aercebiscop and Cynebryht Wesseaxna biscop foron to Rome.

---

1) Zusatz zu Chron. Sax. 796. Sim. Dun. 796 (Ceolwlf in Lindisse).
2) Cod. dipl. n. 164. 159 (795).
3) Cod. dipl. n. 170. 171. Eadulf electus. Die Consecration muss noch im Laufe des Jahres erfolgt sein, denn n. 174 heisst er episcopus.

Die Reise, welche Aethelheard unternahm, um die Aufhebung des Erzbisthums Lichfield beim Papste zu erwirken, ist bald in das Jahr 797,[1]) bald 798, bald 799, bald 801 gesetzt; letzteres von Spelmann, welcher sagt, es sei unglaublich, dass Coenwulf und Aethelheard, wenn 799 eben in Folge der Reise des Erzbischofs Aethelheard nach Rom dem Erzbisthum Lichfield vom Papste die Privilegien entzogen worden seien, noch 4 Jahre (bis 803) mit der von ihnen so eifrig erstrebten wirklichen Aufhebung des Erzbisthums gewartet haben sollten (Spelm. Conc. p. 323.). Spelman hat Recht; Aethelheard reiste erst 801 nach Rom. Das Schreiben, welches Leo III. dem letzteren bei seiner Rückreise zur Ueberbringung an König Coenwulf einhändigte, ist vom 18. Jan. des Jahres 802 datirt.[2]) Hiermit ist die Annahme, dass Aethelheard schon 799 nach Rom gekommen sei, kaum zu vereinigen, wenn man nicht thörichter Weise zwei Romfahrten desselben, 799 und 801, voraussetzen will.[3]) Im Jahre 801 treffen wir Cyneberth von Winchester, welcher ihn begleitet hat, noch in England;[4]) Aethelheard selbst war zu Ostern dieses Jahres gleichfalls noch dort (Cod. dipl. n. 179); nach dieser Zeit, Sommer oder Herbst des Jahres 801, werden sie abgereist sein, Chron. Sax. 799 (801), dann sind sie wahrscheinlich gegen Ende des Jahres in Rom angekommen, Aethelheard hat am 18. Jan. 802 das Schreiben des Papstes in Empfang genommen und ist im Laufe des Jahres mit demselben nach England zurückgekehrt. Im folgenden Jahre, am 12. Oct. 803 ward dann das grosse Concil zu Cloveshoe gehalten, auf dem der päpstliche Bescheid in Kraft gesetzt wurde.

---

1) Hefele Conciliengesch. III, 676.
2) Jaffé Reg. Pont. n. 1914.
3) Alford Annal. II 686. 688 nimmt gar zwei Reisen des Erzbischofs in den Jahren 798 und 799 an. Da Froben Forster ihm folgt, hat diese Ansicht auf die Anordnung der Briefe Alcuin's in der Regensburger Ausgabe 1777 nachtheiligen Einfluss gehabt.
4) Cod. dipl. n. 180; vergl. n. 178.

22) Chron. Sax 822 (824) and senoð waes aet Clofes hoo. Ein grosses Concil wurde zu Cloveshoc am 30. Oct. 824 abgehalten.¹) Das Concil aber, welches angeblich 822 an diesem Orte stattfand, Spelm. 332, gehört nach der Indiction und der übrigen Datirung in das Jahr 825.

Chron. Sax 833: Ealdorman Osmod stirbt. Ein solcher unterschreibt noch 835 eine Urkunde Ecgberht's. Es bleibt hier natürlich ungewiss, ob er nicht noch nach 835 und vielleicht bis 836 (was der unten zu erörternden Formel Chron. Sax. 833 (836) entsprechen würde), gelebt hat.

Zum Schluss führe ich noch an:

Chron Sax. 764 (766) und

Chron. Sax. 804 (806), an welchen Stellen berichtet wird, dass Jaenberht und Wulfred das Pallium von Rom erhalten hätten. Da man annehmen darf, dass eine Reise von England nach Rom und wieder zurück doch immerhin ungefähr ein Jahr in Anspruch nahm, und Jaenberht 765 und Wulfred 805 Erzbischof wurde, so ist wohl sicher, dass sie das Pallium erst 766 und 806 erhielten.

2.

In vier Angaben unter vier Jahren weicht die Angels. Chr. mindestens um 1 Jahr von der richtigen Jahreszahl ab.

1) Chron. Sax. 800 (802). Ealdorman Aethelmund und Weoxtan kämpfen gegen einander und fallen beide. Aethelmund aber unterschreibt noch 801 oder 802 eine Urkunde²) und Wiohstan thut dasselbe 801³).

2) Chron. Sax. 802 (804). Im Jahre 802 soll Beornmod von Rochester gestorben sein. Sein Vorgänger Wermund war noch auf dem Concil zu Clovesho vom Oct. 803.⁴)

3) Chron. Sax. 822 (824). Burghelm und Muca

---

1) Spelm. p. 334. Wilk. 175. Cod. dipl. n. 218 (3 kal. nov.)
2) Cod. dipl. n. 116. p. 143. (Kemble sagt 799—802; es muss heissen 801—802).
3) Cod. dipl. n. 180.
4) Cod. dipl. n. 1024. Stubbs p. XCV.

werden erschlagen. Letzterer ist noch testis im Jahre 823.¹) Ein Burghelm kommt in mercischen Urkunden nicht vor; vielleicht ist es der westsächsische praefectus Byrhthelm, welcher eine Urkunde des Jahres 824 unterschreibt.²)

4) Chron. Sax. 837. Ealdorman Wulfheard, welcher in diesem Jahre gestorben sein soll, unterschreibt noch 838.³)

3.

Der Versuch, zu zeigen, dass für keine der zwischen den Jahren 754 und 828 verzeichneten Nachrichten die Annalen das richtige Jahr angeben, scheint gegenüber den bisher beigebrachten positiven Beweisen eine unnütze Mühe zu sein; da aber ein bedeutender Forscher für das Gegentheil in die Schranken getreten ist, kann ich nicht umhin, seine Beweisführung zu prüfen und die Fehler derselben aufzudecken.

Bei der Herausgabe des Codex diplomaticus aevi Saxonici ward Kemble öfter, wenn es galt, undatirte oder nur nach Regentenjahren datirte Urkunden chronologisch einzureihen, darauf hingeführt, die Angaben der Annalen namentlich über die Regierungszeit der Könige herbeizuziehen und zu vergleichen. Er ward bei dieser Gelegenheit aufmerksam auf den Unterschied in der Chronologie der northumbrischen und südhumbrischen Annalen und warf sich die Frage auf, auf welcher von beiden Seiten die richtigen Zahlen zu finden sein möchten.⁴) Nach den Urkunden musste er sich für die Northumbrier entscheiden. Er that es und brachte Gründe für seine Entscheidung bei. Nach der Angels. Chr. soll Ecgberht 800 zur Regierung gekommen sein, nach Simeon 802. Kemble sucht zu beweisen, dass letzterer Recht hat. Er sagt,

---

1) Cod. dipl. n. 217. Stubbs p. XCVII.
2) Cod. dipl. n. 1031.
3) Cod. dipl. n. 239.
4) Cod. dipl. vol. I. Introd. pag. LXXXV.

es sei eine allgemein recipirte Annahme, dass Ecgberht 36 Jahre regiert habe. Wenn er 800 zur Regierung kam und 36 Jahr herrschte, dann muss er 836 gestorben sein; nun steht aber urkundlich fest, dass er bis 838 gelebt hat; also kann er nicht 800, sondern erst 802 zur Regierung gekommen sein. Auf das letztere Jahr weist auch die Datirung einer Urkunde hin, welche von Ecgberht 835 ausgestellt und dann im 34. Jahre seiner Regierung von ihm bestätigt worden ist.[1]) Das 34. Jahr Ecgberht's ist nach Florenz' Rechnung 834, nach Simeon's Rechnung 836. Wenn die Urkunde 835 ausgestellt ist, kann sie nicht, wie Florenz' Rechnung fordert, 834, wohl aber 836 bestätigt worden sein. Hier hat also Simeon Recht, und Florenz oder die Angels. Chron. Unrecht.

Dieser Fixirung des Jahres 802 hat sich Hardy 1840 in seiner Ausgabe der Gesta regum Angliae[2]) angeschlossen, ja er hat sie noch besonders vertheidigt. Er erklärte p. 146 n. 4, Ecgberht habe unzweifelhaft (undoubtedly) im Jahre 802 den Thron bestiegen und suchte diesen Ausspruch p. 60 n. 3 zu beweisen. Diese seine richtige Ansicht hat dann Hardy später im Jahre 1848 in der Einleitung zu den Mon. hist. Brit. p. 120—122 nach besserer Erkenntniss, wie er p. 121 n. 3 sagt, und mit Ueberlegung verworfen. Hardy meint, der früher von ihm begangene Fehler sei der gewesen, dass er den Anfang des zweiten Regierungsjahres gerechnet habe vom ersten Tage des Kalenderjahres an, welches auf das Jahr folgt, in welchem der König zur Herrschaft gelangt ist; er zähle statt dessen jetzt das zweite Regierungsjahr erst von dem Tage an, welches der erste sei nach Ablauf eines vollen Jahres vom Regierungsantritt an gerechnet. Nach jener ersteren Art des Zählens habe er früher (wovon sich aber in der angeführten Stelle aus seiner Ausgabe Malmesbury's keine Spur findet) nach Cod. dipl. n. 236 aus der Angabe,

---

1) Cod. dipl. n. 236. Kemble sagt p. LXXXV irrig n. 237, er meint n. 236.

2) Wilh. Malm. Gesta regum Angliae Lond. 1840 vol. I p. 60 n. 3.

dass Ecgberht Weihnachten 834 (835) im 34. Jahre (ineunti) gewesen sei, geschlossen, Ecgberht sei 802 zur Regierung gekommen; jetzt schliesse er nach der zweiten Art der Zählung, annehmend, dass Ecgberht Weihnachten 834 (835) dem Schlusse seines ersten Jahres nahe gestanden, dass der Anfang seiner Regierung 800 zu setzen sei. — Hardy hat Recht, wenn er annimmt, dass die Regierungsjahre ihre eigene Zählung haben[1]) und mit den Kalenderjahren nicht oder doch nur dann zusammenfallen, wenn auch das Regierungsjahr zufällig am 25. Dec. beginnt. Nimmt man dieses hier aber an, dass Ecgberht also am 25. Dec. (801) 802 zur Regierung gekommen, so ist der 25. Dec. 834 (835) der erste Tag seines 34. Regierungsjahres, mag man nun der einen oder andern Art der Zählung folgen; nimmt man aber als Regierungsanfang den 26. Dec. (801) 802 oder einen der folgenden Tage des Jahres 802, so ist der 25. Dec. (834) 835, wenn man der zweiten richtigen Zählungsweise folgt, ein Tag im 33. Regierungsjahre des Königs, was der Angabe jener Urkunde widerspricht; der 25. Dec. (834) 835 bleibt aber immer der Anfangspunkt des 34. Jahres, wenn man so rechnet, dass am 25. Dec. jedesmal das Regierungsjahr wechselt, mag es begonnen haben an welchem Tage des vorhergehenden Jahres es immer will. Da wir aber nicht so rechnen dürfen, so scheint diese Urkunde nur die Möglichkeit zuzulassen, dass Ecgberht am 25. Dec. (801) 802 zur Regierung kam — oder früher. Sie widerspricht der northumbrischen Angabe über das Jahr 802 nicht ganz und gar, wie Hardy behauptet, beschränkt sie aber auf den ersten Tag des Jahres. Beweist sie denn aber etwas für die Angabe der Angelsächsischen Chronik und das Jahr 800? Wenn Ecgberht am ersten Tage des Jahres 800, am 25. Dec. (799) 800 zur Regierung kam, dann trat er am 25. Dec. (834) 835 in sein 36. Regierungsjahr, was unserer Urkunde widerspricht. Wenn Ecgberht am letzten Tage des Jahres 800, am 24. Dec., zur Regierung kam,

---

1) Vgl. Kemble Cod. dipl. I Introd. p. LXXXIV.

dann war er am 25. Dec. (800) 801 im ersten Jahre (am zweiten Tage desselben), dann war er ferner am 25. Dec. 834 (835) im 35. Jahre (am zweiten Tage desselben), was unserer Urkunde widerspricht. Also lässt diese im Jahre 802 als Regierungsantritt nur 1 Tag, den 25. Dec. zu, schliesst aber die Möglichkeit, dass derselbe in das Jahr 800 falle, ganz aus.

Hardy sagt Ecgberht sei zwischen dem 26. und 31. Dec. 800 König geworden und meint doch dis ersten Tage des Jahres 801; denn er sagt wenige Zeilen vorher (p. 120 § 51), Jahr und Indiction hätten am 25. Dec. gewechselt,[1]) und nur wenn er (800) 801 annimmt, kommt er mit dem 34. Regierungsjahre zum 25. Dec. 834 (835). In der Angels. Chr. aber im Gegensatz zu den Urkunden den Wechsel erst am 1. Jan. eintreten zu lassen, wäre nicht nur willkürlich, sondern gradezu falsch, wie die beiden oben angeführten Nachrichten der Jahre 794 (796) und 827 (829) zeigen.[2]) Hardy's Beweis hilft also nichts zur Vertheidigung der Angels. Chr.

Seine Beweisführung ist ausserdem nur möglich unter der Voraussetzung, dass die Urkunde n. 236 wirklich ein Zeugniss dafür ist, dass der 25. Dec. (834) 835 in das 34. Jahr Ecgberhts fällt. Es heisst in der Urkunde nach Kemble's Abdruck: Anno dom. inc. DCCCXXXV indictione XIII. Ego Ecgbert — — dedi Mercham — — ad Abbendune — —. Haec donatio fuit facta in Pascha in Dorchecestre; et postera vice eandem donationem liberaliter in Natali confirmavimus, anno imperii nostri XXXIIII. Am Schluss der Urkunde steht keine Datirung. Kemble nahm wie wir sahen an, die Schenkung sei 835 gemacht worden, also Ostern 835; die Bestätigung sei im 34. Jahre Ecgberhts zu Weihnachten erfolgt und dieses sei offenbar das Jahr 836. Anders Hardy. Er erklärt, die Confirmatio sei erfolgt am 25. Dec. desjenigen Jahres, welches am Anfange der Urkunde verzeichnet stehe, also am

---

1) Vgl. Kemble Cod. I, CXXIX.
2) Oben S. 20. 21.

25. Dec. (834) 835. Er sagt, es ergebe sich aus der Analogie mit andern Urkunden (deren er aber keine anführt), dass man so rechnen müsse; for the date of a grant must have reference to the last act in connection with it, which is technically called confectio, — the signing or sealing the charter.[1])

Hardy mag im Allgemeinen Recht haben; aber die Diplomatik der angelsächsischen Urkunden ist noch so sehr in den allerersten Anfängen begriffen,[2]) und namentlich steht über die älteren westsächsischen Urkunden so wenig mit Sicherheit fest, dass es sehr bedenklich erscheint, einzig eine Behauptung (welche hier nichts als reine Vermuthung sein kann) über die Art der Ausfertigung und Datirung derselben als Grundlage zu benutzen, um eine anderweitig unzweifelhafte Thatsache zu leugnen. Man interpunctire nur anders als Kemble gethan hat (und das wird in einer nur abschriftlich erhaltenen Urkunde doch wohl gestattet sein), und Hardy's Ansicht ist völlig unhaltbar. Ich lese: Anno dom. inc. 835 ind. 13 ego Ecgbert dedi etc, lasse also den von Kemble hinter die Datirung gesetzten Punkt weg; dann kann der Sinn der Stelle kein anderer sein als der: Im Jahre 835, Ostern, schenkte Ecgbert Mercham an Abingdon, er bestätigte die Schenkung am folgenden Weihnachtsfeste, also am 25. Dec. (835) 836. So stimmt diese Datirung vollkommen überein mit der in n. 1035, so bestätigt sie die Chronologie einer der beiden sich einander gegenüber stehenden Annalengruppen, während sie, wenn man Hardy's Auffassung folgt, die Angabe der einen Gruppe völlig als falsch ausschliesst, von der der andern aber nur einen sehr kleinen Theil, nur einen Tag zulässt, übrigens auf ein von keinem

---

1) M. h. Br. Introd. p. 122.
2) Kemble behandelt in seiner Introductio zum Cod. dipl., welche meines Wissens die vollständigste und beste Uebersicht über angelsächsische Diplomatik ist, diese Frage nicht besonders. Die Einleitung zu Thorpe's Diplomatarium hat keinen selbstständigen Werth; sie ist nur ein Auszug aus Kemble's Untersuchung.

Annalisten, von keiner andern Urkunde bestimmt gefordertes Jahr, auf 801, hinweist: Grund genug jene unbewiesene Behauptung Hardy's zu verwerfen.

2) Kemble hatte ferner gesagt: Ecgberht's Tod fällt nach Cod. dipl. n. 240. 241 in das Jahr 838; es steht fest, dass Ecgberht 36 Jahre regiert hat; also ist er erst 802 und nicht schon 800 zur Regierung gekommen. Der Schlusssatz ist richtig trotz der falschen Prämissen. (Vgl. oben S. 30. 31.) Hardy behält die eine derselben, dass Ecgberht 838 gestorben sei, bei, nimmt aber richtig mit der Angels. Chr. an, dass derselbe 37 Jahre und 7 Monate regiert habe. In diesen beiden Punkten findet er Material, in the most satisfactory manner darzuthun, dass der König schon im Jahre 800 seinen Thron bestiegen habe. Er sagt: Ecgberht kam in der Zeit zwischen dem 26. und 31. Dec. 800 (d. h. wie wir oben sahen 801) zur Regierung; also kann er sein 37. Jahr nicht vor dem 31. Dec. 837 vollendet haben und trat im Januar 838 in sein 38. Regierungsjahr, in welchem er noch 7 Monate, also bis etwa in den August herrschte. 37 Jahr und 7 Monate zum Jahre 802 hinzugefügt würden zum Jahre 840 hinführen; lebte Ecgberht bis zu diesem Jahre, dann müssen die Urkunden, welche Aethelwulf im Jahre 839 ausgestellt hat, Fälschungen sein, was nicht anzunehmen ist. Also ist Ecgberht nicht erst im Jahre 802 zur Regierung gekommen. — Hier führt uns Hardy wiederum irre, obwohl er in gewisser Weise Recht hat. Nehmen wir aber beispielsweise an, Ecgberht habe im März 802 den Thron bestiegen und 37 Jahre und 7 Monate geherrscht, dann müssen wir das Ende seines 37. Jahres in den März 839, seinen Tod 7 Monate später, also in den Oct. 839 setzen, was den Urkunden, wie oben gezeigt ist, in keiner Weise widerspricht; in das Jahr 840 aber müssen wir ihn nur dann setzen, wenn wir seine Regierung in einem der letzten 7 Monate des Jahres 802 beginnen lassen. Hardy's Einwurf hat also gegen das Jahr 802 im Allgemeinen nichts bewiesen, uns aber darauf aufmerksam gemacht,

dass wir die Epoche Ecgberht's auf die ersten fünf Monate des Jahres 802 zu beschränken haben.

Im § 53 führt Hardy endlich noch Hoveden [1]) zum Beweise an. Er sagt, dieser Autor folge gewöhnlich den Angaben Simeon's; wenn er an dieser Stelle im Gegensatz zu ihm das Jahr 800 vorziehe, so müsse er ganz besondere Gründe gehabt haben. Hardy traut dem kritischen Sinne des Mönches doch etwas zu viel zu. Hoveden nahm bald Simeon bald Huntigdon zum Führer; an der angezogenen Stelle schreibt er eben, wie die vortreffliche Ausgabe des Herrn Prof. Stubbs deutlich zeigt, ein Stück aus Huntingdon p. 733 ab. Nach diesem Autor ward Ecgberht 800 König. Wenige Seiten zuvor, p. 18 ed. Stubbs, hat aber Hoveden Simeon abschreibend schon gesagt, im Jahre 802 sei Ecgberht auf Beorhtric gefolgt. Dessen erinnerte er sich offenbar, als er p. 28 zu Huntingdon's Nachricht vom Jahre 800 hinzufügte, vel ut quidam volunt otingentesimo secundo.

4.

Es handelt sich hier bei der Frage, ob die Annalen nicht vor 828 (830) Abweichungen von mehr als zwei Jahren zeigen, um die Jahre 755 (757 oder 758) Regierungsantritt Offa's, 819 (821 oder 822) Tod Ealdorman Eadberht's, und gleichfalls 819 (821 oder 822) Tod König Coenwulf's.

1. Was den letzten Punkt betrifft, so sahen wir schon, dass Stubbs' Beweis für das Jahr 822 auf Huntingdon's ungenauen Angaben über die Regierungsjahre der angels. Könige beruhte und keine Geltung beanspruchen konnte (S 24). Stubbs schwankt übrigens selbst; p. XCVI und p. 28 nimmt er 821 als Todesjahr Coenwulf's an.

2. Chron. Sax. 819 (821): and Eadbryht aldor mon

---

1) p. 28. ed. Stubbs: Egberth anno gratiae octingentesimo vel ut quidam volunt octingentesimo secundo — — Bricthrico successit.

fordferde. Stubbs glaubt p. XCVI zeigen zu können, dass der genannte Ealdorman noch 822 eine Urkunde unterschrieb (Cod. dipl. n. 216). Allerdings steht ein Eadberht dux unter den Zeugen derselben; aber ist dies denn derselbe, dessen Tod die Chronik berichtet? Ein Zweifel daran ist bei der Häufigkeit des Namens Eadberht schon erlaubt; als begründet erweist sich dieser Zweifel dadurch, dass auch in den Urkunden der drei folgenden Jahre ein Eadberht dux erscheint (Cod. dipl. n. 217—220). Wäre hier überall derselbe Eadberht gemeint, dann müsste man annehmen, dass der Chronist sich um sechs Jahre geirrt hätte, was schwer denkbar ist.

3) Chron. Sax. 755 (757). Wir sahen oben, dass Offa zwischen dem 23. Sept. 757 und dem 12. April 758 zur Regierung gekommen sei. Es fragt sich nun weiter, ob es vor oder nach dem 25. Dec. (757) 758 geschehen ist. Für letzteres entscheidet sich Lappenberg [1]) auf Grund einer Urkunde des Jahres 789, in welcher dieses Jahr das 31. der Regierung Offa's genannt wird. (Cod. dipl. n. 156). Er meint, der Sieg über Beornred sei im Spätjahr 757 und die Krönung Offa's vermuthlich erst im Jahre 758 erfolgt. Die genannte Urkunde ist echt, aber nur abschriftlich erhalten, ein Irrthum in den Zahlen also nicht unmöglich [2]). Nach ihr und den anderen Urkunden (S. oben S. 28) wäre Offa's Regierungsantritt in die Zeit zwischen den 25. Dec. (757) 758 und den 12. April 758 zu setzen. Dagegen weisen die Nachrichten bei Simeon von Durham s. a. 757 und 796 auf das Jahr 757 hin. Da letzterer und die Urkunde im Widerstreit stehen, muss die Frage vorläufig als unentschieden bezeichnet werden;

---

1) S. 221 n. 2; ebenso Malm. gest. reg. I. p. 56 (post annum), welcher aber seiner chronologischen Ungenauigkeit wegen gar nicht berücksichtigt werden kann.

2) Nur in sehr wenigen Urkunden Offa's sind alle Zahlen richtig überliefert. (S. 22.)

wir haben zu constatiren, dass hier der einzige Fall vorliegen könnte, in welchem die Chronik vor 828 (830) um drei Jahre von der richtigen Zahl abweicht.

Die dreijährige Differenz.

Vom Jahre 829 an tritt dagegen ein anderes Verhältniss ein: von 829 bis 839 beträgt der Irrthum der Chronik nicht mehr zwei, sondern drei Jahr. Dass sie in einem Falle um mindestens ein Jahr (837; Wulfheard) und in einem Falle um mindestens zwei Jahre zu früh datire (833; Osmod) sahen wir schon (S. 43. 42); ebenso waren wir auch in zwei anderen Fällen gezwungen, eine Abweichung um drei Jahre anzunehmen: 829 (832) und 836 (839) (S. 36. 31). Die Uebereinstimmung in diesen beiden Fällen als durch gleichmässige Schreibfehler entstanden anzusehn, ist schon bedenklich; da sich nun aber ausser ihnen noch ein dritter Fall nachweisen lässt, wo ebenfalls die gleiche Abweichung von drei Jahren zu constatiren ist, und da diese drei die einzigen Punkte sind, an welchen man die Chronik innerhalb der genannten 10 Jahre controliren kann, so braucht man kein Bedenken zu tragen, wie in dem Abschnitte von 754—828 eine constante Abweichung von zwei Jahren, so in dem Abschnitte von 829—839 eine gleichfalls constante Abweichung von drei Jahren anzunehmen.

Um diese für den dritten Fall und zwar für das Jahr 839 (842) nachzuweisen, müssen wir, hoffentlich der ganzen Untersuchung zum Nutzen, etwas weit ausholen.

Unter den Scriptores XV historiae Britannicae Saxonicae Anglo-Danicae, welche Gale 1691 herausgegeben hat, findet sich (pag. 141—175) ein Chronicon fani sancti Neoti sive Joann. Asserii, ut nonnullis videtur, welches nach des Herausgebers Ansicht (Praefatio ad lect.) von Bischof Asser († 910) verfasst, nach Hardy's Meinung (Catalogue I 2 p. 557.) aus der Angels. Chr. abgeleitet und erst im zwölften Jahrhundert compilirt ist. Die Frage hängt damit zusammen, ob der Verfasser das Leben des h. Eadmund († 870) von Abbo von Fleury (Abt 988—1004), welches um das Jahr 985 geschrieben worden ist,[1]) benutzt hat oder nicht. Hardy nimmt es an, und ich will ihm auf sein Wort hin Glauben schenken und ihm in Folge davon auch zugeben, dass die Annalen erst im elften (Lappenberg S. XLIX) oder, wie Hardy sagt, im zwölften Jahrhundert compilirt sind. Aber weiter vermag ich ihm nicht zu folgen; ich muss vielmehr behaupten, dass der Verfasser der sog. Annalen Asser's die Ang. Chr. in ihrer jetzt vorliegenden Gestalt nicht benutzt hat. Die Verwandschaft ist unverkennbar; manches Annale stimmt, abgesehen davon dass es hier in angelsächs., dort in lat. Sprache verzeichnet ist, wörtlich in beiden Quellen überein und Benutzung der einen durch die andere scheint eine unumgängliche Hypothese zu sein.

Das Chronicon S. Neoti enthält ausserdem fränkische Nachrichten, Heiligengeschichten und im neunten Jahrhundert längere Abschnitte, welche sich auch in Asser's Leben Aelfred's finden. Diese Bestandtheile sind völlig von jenem ersten der Angels. Chr. verwandten zu scheiden und nur um diesen kann es sich hier handeln. Er enthält viel weniger als die Angels. Chr., nur hin und wieder einzelne Notizen mehr; aber was er enthält ist chronologisch genauer als was jene bringt: dieser Theil der sog. Annalen Asser's bietet überall diejenigen Zahlen, deren Richtigkeit wir oben erst in langer Untersuchung festzustellen vermochten.[2]) Hier finden wir die Nachricht von

---

1) Hardy Cat. l. c. p. 527.

2) Nur an einer Stelle weichen sie ab, indem sie Sigebryht's Regierung 757 statt 756 beginnen lassen; dieses beruht aber auf einem Schreibfehler. Sigebryht soll 757 König geworden sein und ein Jahr regiert haben und dennoch wird seines Nachfolgers Regierungsanfang in dasselbe Jahr 757 gesetzt. In demselben Jahre, in welchem Sigebryht König wurde, soll Pippin von Papst Stephan gesalbt worden sein; dieselbe Notiz mit denselben Worten findet

dem harten Winter, hiems illa maxima, unter dem Jahre
763, Cynewulf's Regierungszeit als 29jährig, Offa's Tod
796 und Beorhtric's Tod 802 angegeben, und so in allen
Fällen, in denen überhaupt das betreffende Annale verzeichnet ist. Es ist dies ein Umstand, welcher die Möglichkeit ausschliesst, dass die Annalen nur aus der Angels.
Chr. wie sie jetzt vorliegt compilirt sind; denn es ist nicht
denkbar, dass einer ungenauen Vorlage die Zahlen entnommen und durch Schreibfehler oder sonst irgendwie
verbessert sein sollten. Es bleiben nur die beiden Möglichkeiten, dass sie entweder aus der Angels. Chr. zu
einer Zeit herübergenommen sind, als diese die jetzt in
ihr sich findende Verschiebung noch nicht enthielt, oder
dass uns hier ein Rest einer vor der angels. vorhergehenden lateinischen Redaction[1]) der Angels. Chr. vorliegt.
Gegen die Möglichkeit der Annahme, dass hier ein Rest
der ursprünglichen lat. Quellen der Chronik erhalten sei,
würde Grubitz mit Recht Protest einlegen.[2]) Von einer
Erörterung dieser Fragen absehend dürfen wir doch
für unsere chronologischen Untersuchungen das Zuge-
ständniss beanspruchen, dass die Ann. Asser's für sie
einen selbstständigen Werth haben. Da sie sich überall,
wo ihre Zahlen in Betracht kommen, als richtig erwiesen,

---

sich in den Annal. Uticenses aber unter dem Jahre 756, unter welchem auch das Chronicon S. Neoti sie berichtet haben wird. Ann.
Uticenses herausg. von Le Prevost Orderic. Vital. Hist. eccl. vol. V
Appendix p. 150. Aethelwulf's Tod wird im Chronicon p. 157
in Uebereinstimmung mit den übrigen Nachrichten (oben S. 31) bestimmt: duobus annis postquam a Roma venit, also 858; dagegen
steht p. 158 nach einer andern Quelle er sei 857 gestorben.

1) Eine solche nimmt Pertz an, S. S. XIX p. 502, ist aber gewiss auf falscher Fährte, wenn er in den Annales Lindisfarnenses ein
Exemplar derselben (antiqui textus latini speciem) zu erkennen glaubt.

2) Es sei hier noch bemerkt, dass die Nachrichten der Angels.
Chr. im Chron. S. Neoti in der Gestalt erscheinen, in welcher sie
auch in die Annal. Lundenses übergegangen sind. Vgl. unten.

können wir sie auch da als eine sichere Stütze annehmen, wo wir ihre Genauigkeit im einzelnen Falle nicht zu prüfen vermögen. In dieser Lage sind wir im Betreff des Kampfes gegen die Normanen bei London, Quentawic und Rochester, welchen die Angels. Chr. unter dem Jahre 839 berichtet, diese Annalen aber erst in das Jahr 842 setzen.¹)

Die Erklärung.

Die Thatsache, dass die Chronik alle Nachrichten, welche sie zwischen 754 und 828 bietet um zwei Jahre zu früh datirt hat, wird wohl Niemand mehr bezweifeln; dagegen werden die Ansichten über die Art, wie diese seltsame Erscheinung zu erklären sei, differiren und Sicherheit hier nicht in gleichem Masse zu erreichen sein.

Die früher wohl aufgetauchte Ansicht, dass der Unterschied der zwei Jahre in den südhumbrischen Chroniken durch eine an den Orten ihrer Aufzeichnung herrschende von der gewöhnlichen abweichende Art der Rechnung nach Jahren der Incarnation oder gar durch die Verschiedenheit der Jahresanfänge in verschiedenen Gegenden und ähnliche Ursachen erklärt werden müsse, ist als völlig unhaltbar zu verwerfen.²) Woher soll es da kommen, dass gerade von 754 an alle Nachrichten von der Differenz betroffen werden, vorher aber nicht, und dass von 829 an dieselbe um ein Jahr grösser wird? Grubitz scheint nicht

---

1) Gale I, 155 (ann. 842): apud Lundoniam et item apud Quantawic et rursum apud Hrofescestram. Der zweite der genannten Orte heisst hier wie in allen Handschriften der Angels. Chr. (ausser MS. C., wo Cantwarabirig steht) Cwantawic. Ich weiss nicht, ob man mit Lappenberg S. 299 und Pauli, König Aelfred ohne Weiteres ändern und statt dessen Canterbury lesen darf. Da in demselben Jahre 842, in welches nach Chron. Sax. 839 (842) diese Kämpfe fallen, auch von Prudentius von Troyes ein solcher bei Quentawic berichtet wird, halte ich an der Lesart der Angels. Chr. fest.

2) Stubbs sagt p. LXXXVII richtig, dass dieser Umstand für die hier behandelte Periode nicht sehr in Betracht käme.

ganz an der Möglichkeit zu zweifeln, dass die Mönche von Canterbury „aus wissenschaftlichem Eigensinn" von der gewöhnlichen Berechnung abgewichen wären. Er nimmt die Abweichung in Folge dessen zunächst nur für den Theil der Chronik, welchen er als die Annalen von Canterbury bezeichnet, in Anspruch,[1]) sagt dann aber später (S. 19), die „Chronologie der Canterbury Annalen" finde sich auch noch in der Fortsetzung derselben 784 und 836. Diese Uebereinstimmung der beiden Theile, welche nicht von demselben Verfasser sind, ist doch seltsam, und Grubitz wird es vollends nicht erklären können, dass auch die in den Zeitraum vor 754—828 hineinreichenden Notizen der Compilation von Winchester, 754 und 755 nach der gleichen Regel behandelt sein sollen wie die Canterbury Annalen, während die Nachrichten vor 754 der gewöhnlichen Rechnung entsprechen, mögen sie nun den Canterbury Annalen oder der Compilation von Winchester entnommen sein. Grubitz sah das Ungenügende der Erklärung selbst ein und fügte desshalb hinzu: „Die Differenz ist eher dem Versehen des späteren Ueberarbeiters zur Last zu legen."[2])

Wenn nicht in den Quellen der Chronik die Ursache zu suchen ist, so mag vielleicht bei der Compilation des Werkes selbst, während dieser Arbeit, durch Schuld falscher Berechnung der Fehler in dasselbe hinein gekommen sein. Hierher gehört die Ansicht des Herrn Professor Stubbs.[3])

Er sagt: Aethelwulf regierte 18 Jahre (nach our MS. a);[4])

---

1) Grubitz stellt S. 10—13 zusammen, was ihm zu den Canterbury Ann. zu gehören scheint; es sind Nachrichten aus den Jahren 733—833. Dann sagt er S. 14, die Chronologie sei in ihnen regelmässig um zwei Jahr zurück; er scheint also auch schon eine gleiche Abweichung der Jahre 733—754 anzunehmen, was aber ohne Grund ist.

2) S. 14.

3) Iloved. vol. I. p. XCVIII, XCIX.

4) Huntingdons 22 Jahre, welche Stubbs hier anführt, zeigen

der Autor nahm als Ende seiner Herrschaft das Jahr 856 an, als Aethelbald auf seinen Vater folgte. Eine Regierung, welche 856 endete und 18 Jahre dauerte, muss 838 begonnen haben und dies Jahr steht urkundlich als Anfang derselben fest. Aber warum sollte er dieses Jahr setzen? Aethelwulf war schon vor 838 unzweifelhaft König. Wenn wir nun annehmen, dass die älteren Annalisten eine Notiz fanden, dass Aethelwulf 836 König wurde[1]) und auch über-

---

wieder dessen völlige Unselbstständigkeit. Huntingdon hatte bekanntlich die Angels. Chr. nur in der verschobenen Gestalt vor sich, in welcher des Königs Regierungsantritt 836, sein Tod 858 berichtet wird, und hiernach berechnet er die Regierungsdauer von 22 Jahren. Auf dieselbe Weise sind Malmesbury und Florenz dazu gekommen, Cuthred nur eine 14jährige Regierungsdauer zuzuschreiben; oben S. 16 A. 4; nach ihrer Vorlage regierte er von 740—754.

1) Stubbs will p. XCIX n. 4 zeigen, dass Aethelwulf erst 836 und nicht vor 835 König von Kent wurde; doch kann ich den Umstand, dass auch Ceolnod Wulfred's Urkunde n. 225 unterschreibt, nicht als genügenden Grund dafür anerkennen, dass dieselbe erst nach Wulfred's Tode († 832) niedergeschrieben worden sei. Die Unterschrift kann später zur Bestätigung hinzugefügt sein; soll sie hier entscheidende Bedeutung haben, dann ist die Urkunde nicht nur falsch datirt, sondern überhaupt eine Fälschung, da sie vorgiebt, von Wulfred selbst ausgestellt zu sein (Ego Wulfred — — dabo — —). Da sie aber, davon abgesehen, alle Zeichen der Echtheit trägt, kann jene Unterschrift Ceolnod's nichts gegen sie entscheiden. Stubbs hat übrigens mehrere Urkunden der vorhergehenden Jahre, in welchen Aethelwulf als König oder als König der Kenter unterschreibt, ganz übersehen. Cod. dipl. n. 223, 224, beide allerdings mit schlecht überlieferter Datirung, aber beide zur Zeit Wulfred's (805—832) ausgestellt. Auf Cod. dipl. n. 222, eine angebliche Schenkung König Aethelwulf's aus dem Jahre 827, will ich kein Gewicht legen, da Kemble sein ominöses Sternchen vorgesetzt hat. Vgl. Pauli, König Aelfred S. 52; ebendaselbst über den späten Ursprung der Erzählung von Aethelwulf's Priesterthum, von welchem ein „alter" Annalist wie der Compilator der Angels. Chr. schwerlich etwas wusste.

zeugt waren, dass er zum Mönchsleben bestimmt gewesen und erst beim Tode seines Vaters aus dem Kloster geholt und auf den Thron gesetzt worden sei; so war es um diese beiden Thatsachen zu vereinigen nöthig, dass Ecgberht's Tod in das Jahr 836 gesetzt wurde; die 37 Jahr und 7 Monate seiner Regierung führen dann auf 800 zurück, die 16 Beorhtric's auf 784 und die 33 Cynewulf's auf 752. Aber dies ist ohne Frage falsch, da die Chronik selbst seinen Regierungsantritt 754 setzt. — — Ein Irrthum von zwei Jahren in Betreff der Succession Aethelwulf's musste die ganze westsächsische Königstafel (regnal annals) und so die ganze Partie der Angels. Chr. von 752 bis 849 beeinflussen."

Die Begründung der Hypothese enthält mehrere irrige Angaben, so dass deren Aufzählung und Besprechung genügen würde, ihr den Boden zu entziehen. Aber ist denn überhaupt, davon abgesehen, anzunehmen, dass ein alter Annalist eine solche Berechnung, wie sie ihm Stubbs zumuthet, anstellte und darnach umänderte? Wenn die Compilation der Chronik noch in das neunte oder zehnte Jahrhundert fällt, wie angenommen wird, dann halte ich es für unwahrscheinlich. Die Mönche dieser Zeit gehörten noch nicht der „kritischen" Richtung an. Gesetzt nun, jene Berechnung sei einem Mönche wirklich in den Sinn gekommen, dann konnte dieselbe doch gar keinen Einfluss mehr haben, falls die Chronik schon zusammengestellt war, als es ihm einfiel sie zu machen. Fand er auch, dass Ecgberht's Tod zwei Jahr zu spät angesetzt sei, so mochte er wohl die Zahl 838 ändern, aber es ist undenkbar, dass er nun auch die übrigen Zahlen der westsächsischen Königstafel und alle anderen Jahresangaben seiner Annalen durchstrichen und statt jeder einzelnen eine andere um zwei Jahr kleinere gesetzt habe. Das ist zu sehr gelehrte Arbeit, als dass wir sie einem Mönche dieser Zeit zutrauen könnten. Eher wäre es möglich, dass derselbe, wenn er um das Jahr 754 einen solchen Fehler zu bemerken glaubte, corrigirte, 752 schrieb und nun für das folgende Annale immer die folgende Jahreszahl setzte, also 753 u. s. f., statt 755 u. s. f. Aber Stubbs vermuthet diesen Vorgang 838, am Ende der Abweichung; da ist er nach vollendeter Zusammenstellung der Annalen nicht denkbar. Eher ist möglich, dass er durch Schuld des Compilators der Chronik während der Compilation selbst stattfand; doch auch dies halte ich für unwahrscheinlich. Da der Compilator die Dauer der einzelnen Regierungen kannte, mochte er wohl die wests. Königsreihe vom Jahre 836 rückwärts gehend ändern; aber ist es denkbar, dass dadurch die übrigen Theile der Annalen in Mitleidenschaft gezogen seien? Dieselben müssten dann in der Fassung von jenen abhängig gewesen sein, wie es später bei Huntingdon der Fall war, nach welchem z. B. Adrian im zweiten Jahr der Regierung Beorhtrics seine Legaten nach England sendet (p. 731): kommt Beorhtric 784 zur Regierung, so fällt die Ankunft der Legaten 785, beginnt seine Regierung 786, dann sind die Legaten erst 787 angekommen. Hier hängen also die übrigen Nachrichten in der Datirung von denen der wests. Königstafel wirklich ab. Aber diese jüngere Form der Darstellung, wie sie bei Hunt. sich findet, hatten die Canterbury Ann. in keiner Weise. Corrigirte der Compilator auch die wests. Königsreihe, so war doch gar kein Grund vorhanden, die aus einer andern Quelle entnommenen Angaben, welche er mit jener zusammenstellte, gleichfalls zu ändern, und was sollte den Compilator bewogen haben, mit der Correctur grade bis 754 zurück zu gehen und nicht weiter? Lag ferner der Anlass zur Abänderung in einem Fehler des Annale 838 (836) über Ecgberht's Tod und corrigirte der Compilator die vorhergehenden Jahre, so sieht man nicht ein, warum denn auch das Jahr 839, welches doch dem genannten Annale folgt, gleichfalls von der Massregel betroffen sein soll, und ebenso wenig vermag man endlich nach der Hypothese von Stubbs zu erklären, wie erst eine dreijährige und dann von 828 an rückwärts plötzlich eine zweijährige Abweichung eingetreten sein soll.

Die Umwandlung ist erst vor sich gegangen, als die Angels. Chr. schon compilirt worden war; es hat also eine Zeit gegeben, in welcher dieselbe ohne diese Veränderung war und die richtigen Zahlen aufwies. Dafür sprechen folgende Gründe:

1. Die Abweichung erstreckt sich gleichmässig auf alle Grundbestandtheile der Annalen, nicht bloss auf einzelne derselben. (Vgl. S. 55.)

2. Die Angabe der Regierungsdauer steht jetzt gleichmässig an allen Punkten, wo sie an den Grenzen des Zeitraums, innerhalb dessen sich die Abweichung findet, überliefert ist, in Widerspruch mit den übrigen Nachrichten der Chronik, und zwar am Anfange ist die Regierungsdauer jedesmal zu lang, am Ende zu kurz angegeben, dort um zwei Jahr, hier, wegen der zweiten Abweichung von 829 an, um drei Jahr. (S. 15. 16.)

3. Das Chron. S. Neoti zeigt noch jetzt, wenn auch in lat. Sprache, die alte Gestalt der Angels. Ann.

Gab es nun eine Zeit, in welcher die Annalen noch in chronologisch richtiger Fassung waren, dann kann der Anlass zur Umwandlung nach dem oben S. 57. Gesagten nicht am Ende, er muss am Anfange der corrumpirten Partie gesucht werden; denn nur so vermag man die durchaus gleichmässige Aenderung zu erklären. Einen irgend wie bedeutsamen Grund, um dessen willen Jemand die Aenderung absichtlich und mit Bewusstsein vorgenommen haben sollte, kann wenigstens ich nicht finden.

Unter diesen Umständen bleibt nur die einzige Möglichkeit, dass dieselbe durch die Nachlässigkeit des Uebersetzers oder, wenn man will, des Schreibers desjenigen Manuscripts, von welchem alle uns erhaltenen Manuscripte abstammen, entstanden sei, dass wir hier also nichts anderes vor uns haben als eine Verschiebung, wie sie uns in den Annalen des Mittelalters so häufig allerdings wohl nirgends in der Ausdehnung wie hier entgegentritt. Das Annale des Jahres 756 schrieb der Copist oder Uebersetzer, da für die beiden vorhergehenden Jahre 755 und

754 in seiner Vorlage bloss Jahreszahlen ohne beigesetzte Nachrichten standen, nicht in das Jahr 756, sondern mit Uebersehung der Lücke von zwei Jahren gleich in das auf sein letztes Annale 753 folgende Jahr 754, sodann das in seiner Vorlage auf 756 folgende Annale 757 in mechanischer Weise fortschreibend hinter das auf 754 folgende Jahr, also 755, und so immer weiter bis 828 (830); der einmal gemachte Fehler beeinflusste alle folgenden Jahre. Beim Jahre 829 macht der Abschreiber noch einmal einen Fehler, er übersieht hier eine Lücke von einem Jahre und schreibt so das Annale von 832 nicht, wie er in der vorigen Weise fortfahrend hätte thun müssen, unter 830, sondern unter 829 und setzt nun immer wieder vor das folgende Annale die folgende Jahreszahl bis 839 (842). Ein ähnlicher Vorgang mag sich 840 und 845 wiederholt haben.[1]) Dann ist der Copist aber doch aufmerksam geworden, sei es der grösseren Lücke von 845 — 851 wegen, sei es, weil die Ereignisse der folgenden Jahre weit ausführlicher erzählt waren, und hat von 851 an, seiner Vorlage auch in den Zahlen folgend, die Ereignisse wieder an der gehörigen, ihnen gebührenden Stelle berichtet; zu den Möglichkeiten gehört hier auch, dass von 851 an ein Anderer die Abschrift fortgeführt hat.

Der hier geschilderte Vorgang lässt sich in den Annalen des Mittelalters häufig beobachten,[2]) so dass es kaum nöthig ist, Beispiele desselben anzuführen; nur auf einige Fälle soll hier hingewiesen werden. Die Angels. Ann. selbst bieten in den einzelnen Handschriften eine Menge solcher Verschiebungen dar: so ist MS. C. 713 und 714, ferner 802—814 um ein Jahr zurück, 853—891 aber ein Jahr allen andern Handschriften voraus. MS. D. E. scheinen eine Verschiebung der Jahre 778—782 zu haben, wofür ich jedoch den etwas umständlichen Beweis an dieser Stelle bei Seite lassen muss; MS. F. hat

---

1) Vgl. darüber unten S. 61 flg.
2) Stubbs Hov. p. LXXXVII.

798—801 statt 797—800, 814—816 statt 812—814. Die Ann. Mosellani zeigen eine Verschiebung der Jahre 788—798. (M. G. SS. XVI. p. 497—499.) Beispiele, in denen eine solche wahrscheinlich bei der Entlehnung aus einer anderen Quelle entstanden ist und in denen derselbe Fall vorzuliegen scheint, wie wir ihn bei den Angels. Ann. anzunehmen haben, wenn wir den Fehler dem Uebersetzer zuschreiben, liegen in den Ann. Flaviniacenses vor, welche aus den Ann. Mosellani entnommen sind, aber von 731—753 um je ein Jahr von ihnen abweichen (Wattenbach Gesch. Qu. 102. A. 2), ferner im Brut y Tywysogion vom Jahre 898 an, verglichen mit seiner Hauptquelle, den Annales Cambriae, von welcher er um zwei Jahre abweicht. (M. h. Br. p. 846 p. 836 seq.)

Die bedeutendste der hier angeführten Verschiebungen umfasst einen Zeitraum von 38 Jahren, während nach unserer Annahme in den Angels. Ann. eine solche von 76 oder gar 85 (754—839) und innerhalb derselben eine zweite Verschiebung von zehn Jahren (829—839) vorliegen würde. Könnte dies auch einigermassen bedenklich machen, so zeigen doch die obigen Beispiele, dass der Hypothese principiell nichts im Wege steht; sie wird einer andern, welche mehr Wahrscheinlichkeit für sich hat, wenn eine solche auftauchen sollte, weichen müssen, scheint aber den Vorzug zu verdienen vor der, welche Prof. Stubbs aufgestellt hat.

Prof. Pauli, welcher übrigens geneigt ist, der Ansicht des letzteren Beifall zu geben, hat das Verdienst, für die ganze Erscheinung zuerst den allein richtigen Ausdruck gefunden zu haben, nämlich den einer „Verschiebung".[1])

Anhang:
Die Annalen der Jahre 1840 und 1845.

Wie die Vergleichung mit dem Chron. S. Neoti zeigt, hat das Annale 842 (839) in der Angels. Chr. eine Ver-

---

1) Hist. Zeitschrift 1870. Bd. 23. S. 231. Forsch. z. D. Gesch. Bd. XII. S. 161.

schiebung um drei Jahre erlitten, wogegen das Annale 851 unverändert geblieben ist. [1]) Zwischen diesen beiden verzeichnet die Angels. Chr. nur noch Ereignisse unter den Jahren 840 und 845, die Kämpfe bei Carrum (Charmouth) und Pedridan muðan, an der Mündung des Flüsschens Parret in Somerset. Wenn nicht ein besonderer Anhalt gefunden wird, schweben die Nachrichten chronologisch vollständig in der Luft, da ungewiss ist, ob bei ihnen eine Verschiebung eingetreten ist oder nicht. [2]) Dieser Umstand möge es entschuldigen, wenn hier eine etwas unsichere Hypothese darüber Platz findet. Die beiden genannten Kämpfe werden die zwei wichtigsten der in den vierziger Jahren zwischen Normannen und Angels. ausgefochtenen gewesen sein, der erste mit einer Niederlage, der zweite mit einem Siege der letzteren endend. Nun berichtet Prudentius von Troyes ungefähr zu derselben Zeit gleichfalls über Einfälle der Normannen in England und zwar ebenfalls nur über zwei und ebenfalls erst über eine grosse Niederlage dann über einen Sieg der Angelsachsen. Er sagt 844: Nortmanni insulam ea quam maxime partem, quam Angli-Saxones incolunt, bello impetentes triduo pugnando victores effecti, praedas, rapinas, neces passim facientes, terra pro libitu potiuntur (SS. I. 441). In den Angels. Ann. heisst es 840: König Aethelwulf

---

1) Die mit dem Jahre 851 wieder eingetretene Uebereinstimmung zwischen den Angels. Ann. und dem Chron. S. Neoti p. 155 ist eigentlich der einzige Beweis, den man dafür beibringen kann, dass mit diesem Jahre die Verschiebung aufhört. Welche Gründe Grubitz S. 19 zu der gleichen Annahme bewogen haben, weiss ich nicht. Dass die Chron. Sax. 855 berichteten Ereignisse chronologisch genau und ohne Verschiebung sind zeigt die Vergleichung mit Prud. Trec. 856. 858; vergl. oben S. 31 A. 1.

2) Stubbs sagt p. XCVIII: J shall not attempt to go through the dates of the reign of Ethelwulf, as they are extremely scanty, and but little illustrated by charters. Aus den Urkunden Aethelwulf's lässt sich leider für diese Fragen gar kein Material gewinnen.

kämpfte bei Carrum mit 35 Schiffen and ꝥa Deniscan ahton waelstowe gewald. Weiter sagt Prud. 850: Roric — — — assumptis Nortmannorum exercitibus cum multitudine navium Fresiam et Batavum insulam —— ceterorum vero pars Menapios, Tarvisios aliosque maritimos depraedantur, pars Britanniam insulam Anglosque impetentes, ab eis auxilio Domini nostri Jesu Christi superantur (SS. I 445). Nach den Angels. Ann. kämpften 845 die Ealdermen Eanulf und Osric und Bischof Ealchstan an der Mündung des Parret mit den Dänen and ꝥaer micel wael geslogon and sige namon. Die Nachrichten können dem Inhalte nach wohl auf dieselben Ereignisse bezogen werden, nur die Chronologie widerstreitet. Bedenkt man nun aber, dass in unseren Ann. erst eine Verschiebung von zwei Jahren, dann eine solche von drei Jahren stattfand, so kann man hier eine solche von vier Jahren und für das folgende Annale 845 von fünf Jahren, verschuldet durch die Nachlässigkeit desselben Schreibers, dem auch jene zur Last fallen, nicht für unmöglich halten; ich setze deshalb die verschiebbaren Annalen der Jahre 840 und 845 entsprechend den Berichten bei Prudentius in die Jahre 844 und 850 und schreibe Chron. Sax. 840 (844) und Chron. Sax. 845 (850).

Ganz im Gegensatz zu dieser Auffassung steht nun aber eine andere, welche von Lappenberg[1]) herrührt und von Pauli[2]) gebilligt |worden ist. Nach ihr bezieht einmal die Nachricht unserer Annalen beim Jahre 845 sich auf dieselben Ereignisse, welche Prud. 844 berichtet, und sodann ist nach ihr die von letzterem 850 gemeldete Landung der Normannen in England diejenige, welche unsere Annalen 851 erzählen. (Chron. Sax. 851. and ꝥy ilcan geare cuom feorꝺ healf hund scipa on Temese muꝺan etc. Earle p. 66). Aber Prud. spricht 844 von einem Siege, die Ann. 845 von einer Niederlage der Normannen, und so-

---

1) Gesch. von England S. 290. 291.
2) König Aelfred S. 55.

dann würde bei dieser Annahme in den Ann. selbst ganz im Gegensatz gegen die vorher durchgängig beobachtete Verschiebung, in welcher sie hinter der richtigen Jahreszahl zurückblieben, hier plötzlich ein Fall vorliegen, in welcher sie ihr ein Jahr vorausgeeilt wären. Die Fortführung der dreijährigen Verschiebung bringt das Datum der Schlacht bei Charmouth nach Chron. Sax. 840 (843) schon bis 843; darnach stände sie der Zeit nach dem von Prud. 844 gemeldeten Kampfe ebenso nahe als die Schlacht an der Mündung des Parret (Chron. Sax. 845); sie kann mit mehr Recht als die letztere mit ihm identificirt werden, weil sie gleich ihm mit einem Siege der Normannen endete, während jene in eine Niederlage derselben auslief.

Es ist also wahrscheinlich, dass die Schlacht bei Charmouth 844 geschlagen wurde, völlige Gewissheit aber lässt sich hier mit unserm jetzigen Quellenmaterial nicht gewinnen. Ebenso wenig lässt sich bestimmt nachweisen, dass an der Mündung des Parret 850 und nicht 845 gekämpft wurde, aber wohl kann man erkennen, dass Lappenberg auch hier Unrecht hat, wenn er das Annale 851 unserer Chronik und jene Nachricht bei Prudentius vom Jahre 850 zusammenstellt. Aus der oben angeführten Stelle sieht man, dass ein Theil der normännischen Flotte nach Friesland, ein anderer nach dem Gebiet der Menapier und ein dritter nach England ging. In diesem einen Theile, welcher sich der angels. Küste zuwandte, sollte man die „stärkste normännische Flotte, welche bisher an Englands Küste gewesen", die von „viertehalb hundert Schiffen" welche nach den angels. Ann. 851 an der Mündung der Themse landeten, wieder zu erkennen haben? Lappenberg nimmt es als ganz sicher an und Pauli folgt ihm. Es scheint aber doch bedenklich. Nicht diese eine Abtheilung der Flotte Rorics, welche nicht mehr so bedeutend sein konnte, wohl aber das Geschwader, welches nach Prud. im Jahre 852 in einer Stärke von 252 Segeln zuerst Friesland heimsuchte und sich dann „anderen Gegenden" zuwandte, entspricht den von den angels. Ann.

erwähnten 350 Schiffen des Jahres 851.¹) Weder der fränkische noch der angels. Annalist werden die Schiffe genau gezählt haben, und wie in der Zahl 350 des letzteren eine rhetorische Spielerei mit der Zahl 35 zu sehen ist, ²) so mag auch die Jahreszahl 852 den Franken bewogen haben, die Grösse der Flotte grade auf 252 Schiffe anzugeben. Der Unterschied in der Zahl der Schiffe ist also von keiner besonderen Bedeutung, unzweifelhaft aber wollen beide Quellen ausdrücken, dass eine sehr grosse dänische Flotte erschienen war. Da ein Geschwader von solcher Stärke gewiss nur selten herüber kam, dürfen wir schon vermuthen, dass beide Annalisten über ein und dasselbe berichten wollen, wenn sie auch in der Zeit um ein Jahr von einander abweichen, was vielleicht auf einen Schreibfehler zurückzuführen ist. Kann man darüber schwanken, so ist doch wohl so viel sicher, dass wir mehr Grund haben, die 252 Schiffe bei Prud. Trec. 852, als den dritten Theil der Flotte Roric's bei Prud. Trec. 850 mit den 350 Schiffen im Chron. Sax. 851 zusammen zu stellen. Suchen wir nun für Prud. Trec. 850 die correspondirende Nachricht in den Angels. Ann., so werden wir nur an Chron. Sax. 845 denken können, wo ebenso, wie bei Prud. 850 von einer Niederlage der Normannen die Rede ist.

Das Ergebniss.

Das Ergebniss der bisherigen Untersuchung ist

1. dass die eigentliche Angels. Chr. nach Ausscheidung aller späteren Zusätze irgend welcher Art in den Ann. von 754—828 eine Verschiebung von zwei Jahren, in den Ann. von 829—839 eine solche von drei, vielleicht 840 von vier und 845 von fünf Jahren erlitten hat, sodann

---

1) Prud. Trec. 852 SS I p. 447. Nortmanni 252 navibus Freiam adeunt acceptisque multis prout ipsi statuerunt ad alia diertunt.

2) Lappenberg S. 290 und n. 4. Vergl. Chron. Sax. 833 (836) ad 840 (844).

2. dass es nur eine restitutio in integrum ist, wenn wir diese nicht durch Berechnung des Annalisten, sondern durch Nachlässigkeit eines Abschreibers oder Uebesetzers in sie hinein gekommene Verschiebung wieder rückgängig machen. Hierzu kommt ein dritter Punkt. Wenn in den vorstehenden Untersuchungen nur die Thatsache der Verschiebung hätte dargethan werden sollen, wäre es nicht nöthig gewesen, sie so sehr auszudehnen. Es galt aber auch, die chronologische Glaubwürdigkeit der restaurirten Gestalt der Ann. möglichst an allen Punkten zu zeigen und dazu war eine Zusammenstellung des ganzen Beweismaterials nothwendig.[1]) Das Ergebniss, zu dem wir gelangt sind, ist nach dieser Seite hin

3. dass wir den in ihrer ursprünglichen Gestalt wieder hergestellten Angels. Ann. für die zweite Hälfte des achten und die erste des neunten Jahrh. unbedingt und vor allen anderen annalistischen Quellen Glauben zu schenken haben. Ich kann, wie schon oben S. 10 bemerkt, nach sorgfältiger Prüfung eines jeden einzelnen Annale Grubitz nicht beistimmen, wenn er (S. 16. 17) für den einen Grundbestandtheil, für die Fortsetzung der Canterbury Annalen, da sie nach der Tradition aufgezeichnet seien, eine geringere Glaubwürdigkeit in chronologischer Hinsicht annehmen will, und füge hier zur Rechtfertigung dieser Ansicht noch einige Bemerkungen über die von Grubitz angeführten Beispiele hinzu. Dass Offa's Tochter Eadburg noch 787 virgo genannt wird[2]) kann natürlich kein Grund dagegen sein, dass sie sich zwei Jahre darauf, 789, mit Beorhtric vermählte (Chron. Sax. 787 (789)); dass aber von dieser

---

1) Von den wirklichen Beweisgründen ist wohl keiner übergangen worden; dagegen musste es als Raum- und Zeitverschwendung erscheinen, die sämmtlichen chronologishen Versuche bei Alford, Mabillon, Pagi, Turner, in den Acta SS., in der Anglia sacra u. s. w. in den Kreis der Besprechung zu ziehn; dieselben bieten in keiner Weise neues Material für diese Fragen.

2) Grubitz S, 17 n. 1. Cod. dipl. n. 151.

Zeit an eine engere Verbindung zwischen Mercia und Wessex bestand als je zuvor (c. 788 — c. 802), kann man bei einiger Aufmerksamkeit überall in den Urkunden der Zeit bestätigt finden, wofür die Belege an diesem Orte zusammen zu stellen zu weit führen würde: der regere Verkehr und die Verschwägerung der Herrscher fallen demnach ungefähr in dieselbe Zeit und die Nachrichten über beide Punkte bestätigen sich gegenseitig.

Die Notiz unter 787 (789): Her nom Beorhtric cyning Offan dohtor Eadburge hat einen ganz anderen Character als die ihr hinzugefügte über die Normannen. Ob wirklich genau im Jahre 789 die ersten drei dänischen Schiffe in Wessex gelandet sind, lässt sich nicht feststellen; aber das behaupten die Ann. auch nicht; sie sagen nur on his dagum, in den Tagen Beorhtric's (786—802) sei es geschehen, und dass sie darin Recht haben werden, lässt sich deshalb vermuthen, weil auch im nördl. England in den Tagen Beorhtric's die Normannen zweimal landeten. (Sim. Dun. 793. 794). Es ist ungerechtfertigt, für den ersten Einfall derselben in England, wie bisher allgemein geschehen ist,[1]) bestimmt das Jahr 787 oder richtiger 789 anzugeben; es ist aber ebenso ungerechtfertigt, aus dieser unbestimmt gehaltenen Nachricht der Ann. schliessen zu wollen, dass auch diejenigen ihrer Nachrichten, welche sie bestimmten Jahren zuweist, der chronologischen Genauigkeit entbehren. Ich nehme auch für die „Fortsetzung der Canterbury Annalen" gleichzeitige und zuverlässige Aufzeichnungen als Quelle an, zu denen dann der Compilator derselben aus der Tradition Einiges hinzugefügt haben mag, wie z. B. 789 die Nachricht über die Normannen. Doch weiter: Die feine Bemerkung, welche Grubitz zum Jahre 784 (786) macht, dass die Jahreszahl mit der Anzahl der Begleiter Cyneheards (nicht Cynewulfs, wie Grubitz irrig sagt) übereinstimme, und dass daran Tradition zu erkennen sei, ist jetzt nicht mehr ganz zutreffend seit für die An-

---

1) Lappenberg S. 267. 287 u. A.

nalen als ursprüngliche Jahreszahl 786 angesehen werden muss; es sei denn, dass man annehme, eine erste lat. Redaction habe die Bemerkung über die Ermordung Cyneheard's und seiner 84 Genossen nicht enthalten, (wie ja auch das Chron. S. Neoti 786 nur Beorhtric's Regierungsantritt meldet,) dann sei bei Gelegenheit der Uebersetzung sowohl die Verschiebung eingetreten, als auch zu der jetzt vom Uebersetzer geschriebenen Jahreszahl 784 die Nachricht von den 84 Begleitern des Aetheling nach der Tradition hinzugefügt worden, was ich nicht für unmöglich halte. Aber auch in diesem Falle ist die Zeit des Ereignisses, d. h. die Bestimmung desjenigen Jahres, in welchem Cynewulf starb und Beorhtric zur Regierung kam, nicht durch unzuverlässige Tradition, sondern nach gleichzeitigen Aufzeichnungen angegeben; denn nur so erklärt sich die auch hier zu bemerkende und oben S. 28 nachgewiesene Genauigkeit der Zeitbestimmung. Dass in der That nur e i n e Seeschlacht bei Charmouth geschlagen sei, während unsere Ann. deren zwei berichten, 833 (836) und 840 (? 844), halte ich doch nicht für so völlig ausgemacht, wie es Grubitz thut.[1]) Was die theilweise wörtlich in beiden Nachrichten gleiche Fassung betrifft, so kann das Auffallende dabei nur die gleiche Zahl der Schiffe (35) sein, darin mag Tradition Einfluss gehabt haben, der übrige Theil aber, and đa Deniscan ahton waelstowe gewald, ist für diesen Abschnitt der Annalen formellhaft; er findet sich auch 837 (840). Ein zweites feindliches Zusammentreffen auf demselben Schlachtfelde, auf welchem man das erste Mal die Kräfte gemessen hatte, ist an sich durchaus nicht unwahrscheinlich.

Ich kann also auch hier Grubitz nicht folgen und nehme daher, bis an irgend einer Stelle eine augenscheinliche Unrichtigkeit der Angaben der „Fortsetzung der

---

1) S. 17. Lappenberg S. 278. 290 und Pauli, Aelfred S. 50. 55 nehmen zwei Schlachten an. Earle p. 299 schwankt. Grubitz sagt, es habe „offenbar" nur eine stattgefunden.

Canterbury Annalen" dargethan ist, für die restaurirte Angelsächsische Chronik in allen Theilen volle chronologische Sicherheit in Anspruch.¹)

---

1) Es ist oben S. 19 bemerkt worden, dass bei dieser Untersuchung von einer Vergleichung mit den North. Ann. ganz abzusehen sei; nicht dass diese vor der Chr. den Vorzug verdienen ist jetzt das Resultat, sondern dass die rectificirte Chr. unbedingt Vertrauen verdient. Wenn der eine Grundbestandtheil derselben wirklich alte Canterbury Annalen waren (Grubitz S. 10), dann müssen z. B. die Fasti der Erzbischöfe dieses Ortes hier unzweifelhaft genauer verzeichnet sein, als bei den Northumbriern.

II. Die Northumbrischen Annalen.

Als Reste der northumbrischen Historiographie des achten Jahrhunderts müssen wir folgende vier Annalen bezeichnen: den Appendix ad Bedam, die Annales Lindisfarnenses, die Zusätze zu MS. D E F der Angels. Chr. und die Historia de regibus Anglorum et Dacorum, welche Simeon von Durham zugeschrieben wird.[1])

1. Der **Appendix ad Bedam** hat wohl den grössten Anspruch auf Ursprünglichkeit. Er ist geschrieben worden als eine Fortsetzung der von Beda seinem grossen Ge-

---

1) Stubbs p. X, welcher aber nur den Appendix und Simeon von Durham berücksichtigt. Pauli Forsch. Bd. XII S. 149 weist noch auf Roger von Hoveden, die Chronik von Melrose und Roger von Wendover hin. Der letztere ist, wie wir unten sehen werden, so unselbstständig und zugleich incorrect, dass er hier ganz bei Seite gelassen werden darf. Die beiden ersteren „bieten mehr oder weniger für die Textkritik auch der Annalen bei Simeon Anhalt"; da es sich an dieser Stelle aber nicht um Feststellung des Textes handelt, selbstständige Nachrichten für den in Frage kommenden Zeitraum bei ihnen sich nicht finden, sehe ich auch von ihnen ab. Die abweichenden Lesarten der Chronik von Melrose sind oben, wenn es nöthig schien, erwähnt; für die Zeit von 803—849 bietet sie selbstständige Nachrichten aber von sehr zweifelhaftem Character und welche theilweise der Angels. Chr. entnommen zu sein scheinen.

schichtswerke angehängten chronologischen Uebersicht, der Recapitulatio chronica totius operis (M. h. Br. 284). Leider nur in einer Handschrift des zwölften Jahrhunderts erhalten, sind diese kurzen, wie es scheint Jahr für Jahr gemachten Aufzeichnungen nicht frei von Irrthümern,[1]) welche der schlechten Ueberlieferung zur Last fallen. Abgesehen davon müssen wir ihre Angaben als völlig glaubwürdig, mindestens als die relativ glaubwürdigsten für die Gegenden nördlich von Humber ansehen. Sie umfassen den Zeitraum von 731—766.[2])

2. Neben sie treten, scheinbar ebenfalls auf gleichzeitigen Aufzeichnungen beruhend, die bisher von den engl. Historikern noch nicht benutzten im Jahre 1862 von Pertz entdeckten und 1866 veröffentlichten Ann. Lindisfarnenses von 532 bis 993 (M. G. SS. XIX p. 503—508). Sie sind bis zum Jahre 759 von einer Hand geschrieben; 760, 813, 820 wechselt die Handschrift. Es fragt sich, ob wir hier in der That, wie Pertz anzunehmen scheint, gleichzeitige Nachrichten vor uns haben. Ein sicheres Urtheil darüber lässt sich nur schwer gewinnen, weil bei dem völligen Mangel an north. Urkunden, bei der Spärlichkeit der Nachrichten in anderen glaubwürdigen Quellen und bei den Schwankungen der einheimischen Berichte die Prüfung kaum möglich ist. Die hier berichteten fränk. Ereignisse kommen für uns nicht in Betracht; ein einziger Blick lehrt aber schon, dass sie keineswegs überall genau sind, wie z. B. Ludwig des Frommen Regierung in die Zeit von 813—839 gesetzt ist. Die angels. Nachrichten der Ann. zeigen nun gleichfalls nicht die Genauigkeit und Sicherheit, wie man sie von gleichzeitigen Aufzeichnungen erwarten sollte. Man sieht sich zu einem solchen ungün-

---

1) Vergl.: 756 statt 753; 757 Tod Cynewulfs statt Regierungsantritt. Vgl. was Pauli Forsch. XII S. 157 über den Einfluss der späten Redaction sagt.

2) M. h. Br. 288. Beda, hist. eccl. ed. Stevenson II, 256. Vgl. Stubbs p. X n. 2.

stigen Urtheile genöthigt, wenn man die Ereignisse der Jahre 757—760 ins Auge fasst. Diese Zeit mag als Beispiel dienen, weil der erste Schreiber bis 759 schrieb und deshalb grade die letzten Jahre 757—759 besonderen Anspruch auf Glaubwürdigkeit haben müssten. 757 abdicirt nach den Ann. Eadberht (Aeatbert) und überlässt die Regierung seinem Sohne Osulf. 759 heisst es dann: Osulf herrschte 1 Jahr; die Regierung seines Nachfolgers Aethelwald Moll wird also von 760 an gerechnet, eine Zahl, welche dann der folgende Schreiber auch in der That für dessen Thronbesteigung angiebt. Darnach müsste die „einjährige" Regierung Osulfs die Zeit von 757—760 ausgefüllt haben, was doch unmöglich ist. Nach den andern Quellen müssen wir die Regierung Osulfs ansetzen von 758 bis zum 24. Aug. 759. [1]) Hier verdienen doch offenbar die letzteren schon wegen der Uebereinstimmung mit sich selbst den Vorzug vor den Ann. Lindisf. Auffallen muss es auch, dass in angeblich gleichzeitigen Ann. unter dem Jahre 796 Osbald verwechselt ist mit Osred, welcher von 789—790 auf dem Throne sass. Man findet hier 788 und 796 dieselbe Notiz, dass Osred 1 Jahr geherrscht habe, während es 796 heissen müsste: Osbald regierte 27 Tage (18. April—14. Mai).[2])

---

1) Appendix 758. Sim. Dun. 758. Die Zusätze zu Chron. Sax. haben freilich 757, aber sie geben den Regierungsanfang Eadberhts mit allen Quellen gemeinsam unter 737 an und sagen, er habe 21 Jahre geherrscht, weisen also durch die letztere Zahl schon selbst auf das von Simeon überlieferte Jahr 758 und nicht auf 757 hin. Dieses gilt auch von den Ann. Lindisf. selbst, welche gleichfalls Aeatbert's Regierung 737 beginnen, 21 Jahre dauern und doch schon 757 endigen lassen.

2) Sim. Dun. 796: post XXVII dies. Zusatz zu Chron. Sax. 795 (lies 796) hat nicht 27 Tage angegeben, setzt aber ihnen entsprechend Eardulfs Regierungsantritt, d. h. also Osbalds Vertreibung auf den 14. Mai, 2. id. mai. Dass Osbald (und nicht Osred) zur Zeit der Ermordung Aethelreds hervortrat, ergiebt sich auch aus Alcuins Brief ep. 47.

Sein Nachfolger Eardulf wurde am 26. Mai 796 gekrönt, also 11 Tage nach der Vertreibung Osbald's, was durchaus wahrscheinlich ist. So berichten die übrigen Quellen; die Lindisf. Ann. dagegen setzen seinen Regierungsanfang erst in das folgende Jahr 797.

Die Beobachtung solcher augenscheinlicher Ungenauigkeiten ist doch wohl geeignet die Glaubwürdigkeit dieser von Pertz für eine Quelle der Angels. Chr. und Simeon's gehaltenen Ann. zu erschüttern. Zu dem gleichen Ergebniss leitet folgende Bemerkung hin. Die Annalen sind bis zum Jahre 759 von einer Hand geschrieben; da aber eben diese Hand auch noch die 29 jährige Regierungsdauer Cynewulf's (757 — 786) verzeichnet, so kann der erste Schreiber höchstens im Jahre 786 seine Aufzeichnungen gemacht und sein Nachfolger erst nach dieser Zeit angefangen haben. Die Annalen scheinen also nicht Jahr für Jahr, sondern in grösseren Zwischenräumen, sei es nach dem Gedächtniss oder nach anderen schriftlichen Vorlagen, und zwar mit wenig Sorgfalt niedergeschrieben zu sein; deshalb ist auch gleich beim ersten Jahre eines Königs oder Bischofs Regierungsdauer oder Sedenz verzeichnet, einmal, 740, sogar für drei folgende Herrscher zugleich.

Unter diesen Umständen kann man nicht daran denken, den Lindisfarner Annalen unbedingt zu vertrauen; sie sind vielmehr den beiden noch zu besprechenden Quellen, den Zusätzen und Simeon's Historia an Werth nachzustellen.

3. Es kann keinem Zweifel unterliegen, dass wir in den genannten Zusätzen einen Rest north. Geschichtsüberlieferung vor uns haben, der in die Verbindung mit der Angels. Chr., in welcher er jetzt steht, nur durch einen bedauernswerthen Zufall gekommen ist.[1]) Er ist vollständig abzuscheiden und zu betrachten als eigene Geschichtsquelle von selbstständiger Bedeutung. Die Einfügung in

---

1) Nach Pauli, Forsch. XII S. 161, zu Anfang des zwölften Jahrh. aus der nordenglischen Quelle geschöpft.

ein anderes Annalenwerk hat den Nachtheil gehabt, dass oft ein Ereigniss nicht unter dem Jahre eingerückt ist, unter welchem es stehen müsste, sondern da, wo die vorliegenden Annalen eine leere Stelle zeigten; dieser unverkennbare Uebelstand hindert aber nicht, dass doch noch Manches hier richtiger und genauer steht als in den Ann. Lindisf. und bei Simeon. — Die Zusätze wurden einer Handschrift hinzugefügt, aus welcher MS. D E F abgeleitet sind; nur die in diesen drei, oder, da F sehr lückenhaft ist, in den beiden ersten Handschriften D E gemeinsam sich findenden Zusätze gehören hierher; diejenigen, welche MS. E allein bietet oder andererseits diejenigen, welche nur in MS. F stehn, sind anderer Natur und sollen unten besprochen werden. Die „Northumbrischen Zusätze" erstrecken sich mindestens von 693—806.[1]) Mit dem Jahre 693 endigt nämlich die grosse Lücke in der Handschrift D, welche 189 anhebt. Auch vor 693 mögen schon Notizen aus derselben Quelle der Angels. Chr. hinzugefügt worden sein, sie sind aber eben jener Lücke wegen schwerer zu erkennen. In MS. E und F finden sich vom Jahre 381 an Zusätze, welche wahrscheinlich hierher gehören; diese sind nun nach Thorpe, gleich den 693—731 in MS. D E und eventuell F hinzugefügten, aus Beda entnommen. Wenn aber auch der Compilator aus diesem geschöpft hat, so muss ihm doch noch eine andere Quelle zu Gebote gestanden haben. In Beda's Werken findet sich wohl die Angabe, dass Aldfrid von Northumbrien 705 gestorben sei, aber nicht das genauere Datum, 14. Dec., nicht der Ort, wo er starb, Driffelda, welchen der Zusatz zur Chronik nennt. (Zusatz zu Chron. Sax. 705). Es scheint demnach die Frage über den Werth dieses Theils der North. Zusätze noch nicht entschieden zu sein; sie müssen nicht nur mit Beda sondern auch mit den Ann. Lindisf. verglichen werden. Der Theil der

---

1) Earle p. XL nimmt solche nur von 737—806 an; über die früheren Zusätze sagt er nichts.

Zusätze, welcher dem achten Jahrh. angehört und hier zu betrachten ist, wird namentlich vom Jahre 762 an ausführlicher und schliesst mit dem Jahre 806, wo überhaupt diese Quelle zu fliessen aufhört. Es kommt hier besonders darauf an, sein Verhältniss zu Simeon von Durham festzustellen, über welchen selbst erst noch einige orientirende Worte vorauszuschicken sind.

4. Die Historia de regibus Anglorum et Dacorum, welche Simeon von Durham zugeschrieben wird, zerfällt in zwei in der einzigen uns erhaltenen Handschrift äusserlich von einander getrennte und auch im Stil verschiedene Theile,[1]) deren erster von 732—957 (ed. Hinde p. 1—66.), deren zweiter von 848—1129 reicht. In jenem, welcher uns hier allein beschäftigt, liegt ein abgeschlossenes Ganze, eine frühere Compilation vor, welche der Verfasser der Historia regum vollständig aufgenommen zu haben scheint. In sich zerfällt sie selbst wieder in zwei zu scheidende Theile, deren zweiter, von 849—887, aus Asser abgeschrieben[2]) und von da an bis 957 in sehr dürftiger Weise fortgeführt ist. Was nun hiernach als erster Theil übrig bleibt, 732—803, bildet wiederum ein selbstständiges Ganze, in welchem uns eine Menge interessanter Nachrichten geboten werden, welche zum Theil nur hier erhalten sind und sich in der Regel als völlig zuverlässig erweisen.

Die Hand eines Bearbeiters, welcher mindestens dem elften Jahrh. angehört, erkennt man beim Jahre 781[3]) in der Erzählung von der Translation Alchmund's. Diese u. a. Geschichten, welche sich leicht als spätere Interpolationen erkennen lassen,[4]) sind sämmtlich auszuscheiden, wenn

---

1) Mon h. Br. Introd. p. 88. 89. Symeonis Dunelmensis opera et collectanea. Vol. I. 1868. Publication of the Surtees society (ed. Hodgson Hinde) p. XII. XIII.

2) Hinde p. XXII. Stubbs p. XXX.

3) Sim. Dun. 781. ed. Hinde p. 26: post annos plus quam CCL.

4) Sie sind vollständig zusammengestellt von Pauli, Forsch. z. D. Gesch. Bd. XII S. 141.

wir den alten Kern der Annalen rein gewinnen wollen, welcher die gleichzeitigen north. Aufzeichnungen des achten Jahrh. enthält. Dass Simeon von Durham, der Mönch des zwölften Jahrh., mit den letzteren nur in äusserst loser Verbindung steht, ist klar und längst anerkannt;[1]) da aber leicht eine Verwechselung mit den verwandten Quellen eintreten könnte, wenn man die alten Nachrichten bei Simeon allgemein als „Northumbrische Annalen"[2]) oder Gesta veterum Northanhumbrorum bezeichnen wollte, so ist rathsam, zur bestimmten Unterscheidung für dieselben den Namen Simeons beizubehalten, ohne sie in irgend eine andere als eine ganz äusserliche Verbindung mit ihm zu bringen.

Was ihren Werth betrifft, so bilden sie für uns die vollständigste und correcteste Ueberlieferung der north. Aufzeichnungen des achten Jahrh. Ist hieran kein Zweifel, so muss man sich doch andererseits hüten, ihnen unbedingtes Vertrauen zu schenken und, wie es in der Regel geschehen ist, die übrigen Reste derselben im Norden Englands im Anschluss an Beda fortgesetzten annalistischen Thätigkeit ihnen gegenüber ganz zu vernachlässigen; man muss vielmehr im Auge behalten, dass sie nur in einer Handschrift des zwölften Jahrh. überliefert sind und dass verschiedene Compilatoren und Abschreiber Gelegenheit gehabt haben, Fehler anzubringen. 780 heisst es falsch, Eanbald habe schon in diesem Jahre das Pallium erhalten (pallium ab apostolica sede sibi directum accepit); denn Alcuin, welcher es holte, war bekanntlich 781 noch in Parma, also noch nicht zurückgekehrt. Die Zusätze zur Angels. Chr. sind an dieser Stelle genauer. Der Tod Hadrian's ist irrig 7. kal. jan. 794 statt 8. kal. jan. 796[3]) angesetzt; eine Mondfinsterniss fand nicht 8., sondern 9. kal. dec. 756 (23. Nov.) statt. Lassen sich sol-

---

1) Hardy Descriptive Catalogue II, 176. Stubbs p. XXX.
2) Stubbs p. XXVIII.
3) Jaffé Reg. Pont. 215.

cher Irrthümer direct auch nur wenige nachweisen, so genügen doch schon die angeführten, zur Vorsicht zu mahnen. Von diesem Gesichtspunkte aus müssen wir sie mit den übrigen northumbr. Quellen namentlich mit den Zusätzen zur Angels. Chr. vergleichen. Die bisherigen Untersuchungen leiden an dem Mangel, dass in ihnen die Zusätze und die eigentliche Chr. nirgends scharf von einander geschieden sind, wobei eine gewisse Unklarheit nicht zu vermeiden war. Früher stellte man die Ansicht auf, Simeon habe neben anderen uns unbekannten Quellen die Angels. Chr. ausgeschrieben [1]) und erklärte die abweichende Chronologie als eine Folge der Benutzung verschiedener Handschriften derselben.[2]) Es ist schon an sich unwahrscheinlich, dass der Compilator über denselben Gegenstand sollte mehrere Handschriften zugleich benutzt und bald aus dieser, bald aus jener sollte abgeschrieben haben.

Eine Entlehnung aus der eigentlichen Angels. Chr. könnte man höchstens beim Jahre 740 annehmen, wo die Historia vel chronica hujus patriae citirt wird; denn die aus derselben angeführte Nachricht vom Tode des Erzbischof Cuthberht von Canterbury findet sich allerdings in jener [3]) und da sie gleich Simeon auch unter demselben Jahre meldet, Dun sei Bischof von Rochester geworden, wäre eine Entlehnung aus ihr wohl denkbar.[4]) Aber diese Stelle

---

1) M. h. Br. Intr. p. 126. Lappenberg S. LIX drückt sich nicht ganz deutlich aus.

2) l. c. p. 127.

3) Chron. Sax. 740 MS. C; 741 MS. A; aber ebenso im Appendix ad Bedam. Der quidam des Jahres 745 bei Simeon könnte der Interpolator der Chronik (744) sein, aber ebenso der Lindisfarner Annalist (744).

4) Nach Pauli, Forschungen XII S. 143 fällt auch dieser Grund völlig weg; er sagt, mit der historia vel chronica hujus patriae seien die chronica Northumbriens gemeint und der Compilator verweise damit auf die Northumbrischen Annalen selbst, den einen der Grundbestandtheile seiner Compilation.

beweist nichts; sie giebt sich eben durch das Citat als späterer Zusatz des Compilators zu erkennen und kann den ursprünglichen Ann. nicht angehört haben. Im übrigen Texte lässt sich nirgends eine Benutzung nachweisen. Es ist aber auch andererseits nicht genau, wenn Stubbs annimmt, Simeon's Nachrichten seien bei der Composition der Angels. Chr. benutzt worden: it is most probable, that it (die North. Chr. bei Simeon) was the source of the entries, referring to northern affairs in the Anglo-Saxon Chronicle (p. XXVIII; vergl. p. XC). Von der eigentlichen Angels. Chr. könnte hier nur das Jahr 738 in Betracht kommen, und an eine Entlehnung dieses Annales aus Sim. Dun. 737 ist, wie eine Vergleichung auf den ersten Blick zeigt, nicht zu denken. Stubbs wird in der angeführten Stelle die North. Zusätze im Auge gehabt haben. Was nun diese betrifft, so stimmen sie an vielen Stellen so auffallend mit Simeon's Nachrichten überein, dass es gar keinem Zweifel unterliegen kann, dass in beiden Quellen dieselbe Notiz nur hier in lat., dort in angels. Sprache und nur mit geringen, meistens wohl redactionellen Abweichungen vorliegt. Ein Beispiel möge dieses zeigen:

| Sim. Dun. 786. Tempore illo legati ab Apostolica sede a domino Adriano papa ad Britanniam directi sunt, in quibus venerabilis episcopus Georgius primatum tenuit; qui antiquam inter nos amicitiam et fidem catholicam quam Sanctus Gregorius papa per beatum Augustinum docuit innovantes, honorifice suscepti sunt a regibus et a | Zusatz zu Chron. Sax. 785. And in đas tid waeren aerendracen gesend of Rome from Adrianum papam to Aenglalande to niwianne đone geleafan and đa sibbe đe sc̄s Gregoriussende đurh đone b. Augustinum. and hi man mid wurđscipe underfeng. |

praesulibus vel primatibus hujus patriae et in pace domum reversi sunt cum magnis donis, ut justum erat.

Der gemeinsame Kern ist hier unverkennbar.[1]) Man vergleiche weiter: Zusatz zu Chron. Sax. 766 mit Sim. Dun. 766. 767. Chron. und Sim. 778 Chron. 779 (MS. E.) und Sim. 780; Chron. 789 und Sim. 788 (Ermordung Aelfwold's) etc. Das oben angeführte Beispiel scheint ein Beweis für die Ansicht zu sein, dass Simeon dem Interpolator der Chr. als Quelle gedient habe und in der That hat er in der Regel die ausführlichere Fassung; aber es liegen auch Fälle vor, in welchen der Interpolator Nachrichten überliefert, welche sich nicht bei Simeon finden; z. B.

| Sim. Dun. 790: Eodem anno Badwlf ad Candidam — casam ordinatur episcopus in loco qui dicitur Hearrahalch, quod interpretari potest Locus Dominorum. | Zusatz zu Chron. Sax. 791: Her waes Baldwulf gehalgod to b. to Hwiterne on XVI kl. Aug. fram Eanbalde arceb. and fram Aeðelberhte biscope. |

Das Datum der Weihe Badwulfs und die Namen der weihenden Bischöfe haben nur die Zusätze uns überliefert und ist deshalb an eine directe Entlehnung aus Simeon nicht zu denken. Es liegt die Vermuthung nahe, dass beide aus einer gemeinschaftlichen Quelle geschöpft haben. Die Zusätze bieten in zehn Fällen chronol. Data, welche bei Simeon nicht stehn (762, vergl. Sim. 764; 774, 777, 778, 780, 791, 793, 794, 795, 797); von diesen erweisen sich drei (777, 778, 791) bei der Controle als richtig; die übrigen sind nicht zu prüfen und nur eine (Consecration Pehtwin's 762; der 17. Juli war weder Sonntag, noch ist er ein Aposteltag) ist als unsicher zu bezeichnen. Simeon hat bei sechs ihm sonst mit den Zusätzen gemeinsamen Nachrichten eine speciellere Zeitangabe (759. 761. 765. 767. 796 (zwei)). Weiter haben die Zusätze fünf ihnen eigenthümliche Notizen bei den Jahren 782, 789, 800,

---

1) Vgl. Pauli, Forsch. XII S. 160. 161.

802 und 806, welche von Synoden und Mondfinsternissen erzählen. Sie verschwinden beinahe vor der grossen Menge von Ereignissen, über welche uns Simeon aber nicht die Zusätze Bericht geben.

Diesen Umstand kann man entweder durch die Annahme erklären, dass dem ersteren noch andere Quellen zu Gebote standen als diejenige, aus welcher er die auch in den Zusätzen enthaltenen Nachrichten entnahm, oder durch die Bemerkung, dass ja der Interpolator der Chr. nur Zusätze machen, gleichsam Lücken ausfüllen, während Simeon oder wer vor ihm diesen Theil der Historia de regibus zuerst compilirte, eine vollständige Geschichte der Zeit schreiben wollte. Jener liess sämmtliche Nachrichten über fränkische Ereignisse und ebenso die südhumbrischen weg, von denen er eigentlich nur den Tod Offa's berichtet und diesen wahrscheinlich nur deshalb, weil er ihn unter dem betreffenden Jahre 796 nicht fand.[1]) Beide Arten von Nachrichten waren schon in seiner Chr. vertreten; dagegen nahm er die speciell north. in grosser Menge auf. Der Verfasser des ersten Theils der Historia de regibus schrieb, wir dürfen vielleicht sagen, alle Thatsachen[2]) ab, welche seine Quelle bot, berücksichtigte aber weniger die in dieser gewiss zahlreicher als bei ihm verzeichneten Angaben des Datums, in deren Wiedergabe dagegen der Interpolator sorgsamer war.

Nach den bisherigen Erörterungen ist es wohl als sicher zu bezeichnen, dass beiden eine gemeinsame Quelle zu Grunde liegt und damit ist dann die selbstständige Bedeutung der Zusätze Simeon's Werk gegenüber gewahrt. Es wäre nicht unnütz, dieselben auch durch besonderen

---

1) Auf diese Weise ist er denn zweimal in der herkömmlichen Gestalt der Angels. Chr. verzeichnet: Chron. Sax. 794 (796) und Zusatz zu Chron. Sax. 796.

2) Bei dieser Annahme wären die vorher S. 79. 80 angeführten 5 selbstständigen Nachrichten der North. Zusätze als noch später hinzugefügt zu betrachten.

Abdruck, oder, wenn man sie in der Verbindung mit den Angels. Ann. lassen will, durch besondere Typen als eigene Quelle deutlicher hervortreten zu lassen und die Benutzung zu erleichtern; sie würden alsdann aufhören die Chronologie der Angelsächsischen Annalen zu verwirren und es würde leichter sein, die ihnen und Simeon gemeinsame Grundlage durch sorgsame Vergleichung mit diesem zu reconstruiren.

Wie wir diese Grundlage zu nennen haben, ist ziemlich gleichgültig; möglich, dass in ihr die Gesta veterum Northanhymbrorum, welche Richard von Hexham erwähnt,[1]) wieder zu erkennen sind; Gewissheit lässt sich hier nicht erreichen.

Wichtiger ist die Frage nach ihrer Beschaffenheit, ob sie auch Alles enthalten habe, was jetzt bei Simeon von Durham nach Ausscheidung der oben erwähnten Interpolationen steht, oder nur einen Theil, ob sie aus verschiedenen ursprünglichen Annalen zusammengesetzt sei und aus welchen, und endlich, ob sich ihre Quellen nachweisen lassen. Hinsichtlich dieses letzten Punktes müssten nun nach den bisherigen Ansichten die beiden oben zuerst genannten Aufzeichnungen, der Appendix ad Bedam und die Ann. Lindisf. hier ihre Stelle finden. In England ist man der Meinung, der Appendix sei Quelle für die North. Ann. bei Simeon und es liege in diesen eine Erweiterung und Fortsetzung derselben vor.[2]) Ein Beweis hierfür ist nicht beigegeben, und man kann sehr wohl an der Richtigkeit der Annahme zweifeln. Allerdings finden sich bei beiden wörtlich übereinstimmende Stellen, aber auch andere in denen Simeon und andere in denen der Appendix selbstständige Nachrichten bringt. Es ist deshalb eine directe Benutzung des letzteren durch Simeon unwahrscheinlich,

---

1) ed. Raine p. 60. Stubbs p. XXVIII.
2) Bedae opera hist. ed. Stevenson vol. II 256 n. 1. Stubbs p. XXVIII.

und man muss auch hier wohl eher an gemeinschaftliche Quellen denken.[1])

Andererseits will nun Pertz die Ann. Lindisf. als Quelle Simeons angesehen wissen und in den abweichenden chronol. Angaben Abänderungen durch die Hand des letzteren erkennen.[2]) Die Annahme ist für die hier in Betracht kommende Zeit wohl nicht zu halten, weil, wie wir oben sahen, in den Fällen, in welchen die Jahreszahlen beider von einander abweichen, Simeon in der Regel die richtige, die Lindisfarner Ann. die falsche Zahl haben. Der Text der Nachrichten, bei den Lindisf. Ann. dürftig, bei Simeon reichhaltig mit einer Menge detailirter Angaben, zeigt an einigen Stellen eine unverkennbare Aehnlichkeit, z. B. in den Jahren 735. 737. 744 (Sim. 745); später weniger, doch vgl. 780. 796. Trotz ihrer Dürftigkeit haben die Lindisf. Ann. noch Nachrichten, welche bei Simeon fehlen. Vergl. 777 und 793 (6 id. jun.)[3]) Unter diesen Umständen müssen wir uns auch hier mit der Hypothese gemeinschaftlicher Quellen begnügen.

So gelangen wir denn zu dem Ergebniss, dass uns nirgends die alten North. Ann. in ihrer ursprünglichen Gestalt, sondern nur in späten fehlerhaften Redactionen erhalten sind. Keine derselben verdient deshalb einen unbedingten Vorzug vor der andern. Welche von ihnen in jedem einzelnen Falle die richtige Jahreszahl, das richtige Datum und die richtigen Namen überliefert hat, muss durch Specialuntersuchungen festgestellt werden, wobei jedoch der Appendix und Simeons Historia im Allgemeinen verhältnissmässig die grössere Glaubwürdigkeit beanspruchen dürfen. Ich habe mich überzeugt, dass man

---

1) Vgl. Pauli, Forsch. XII. S. 143. 144.
2) M. G. SS. XIX p. 503: anno tamen haud raro immutato.
3) North. Zusätze 793: 6 id. jan; die Lesart der Lindisf. Ann. scheint die richtige zu sein; als Grund dafür sei hier nur angeführt, dass die Normannen ihre gefährlichen Fahrten wohl eher im Sommer als mitten im Winter unternommen haben werden.

bei Berücksichtigung aller Umstände in der Regel zu einem einigermassen sicheren Resultat zu gelangen vermag, doch kann es meine Aufgabe hier nicht sein, diese Einzelfragen zu erledigen. Es sei genug, das Verhältniss der Annalen festgestellt und den „Northumbrischen Zusätzen" ihren selbstständigen Werth gesichert zu haben. — Die gleiche Aufgabe ist nun noch in Betreff der übrigen Zusätze zu den einzelnen Handschriften der Angelsächsischen Chronik zu lösen.

Anhang: **Die Zusätze zu MS. E und zu MS. F.**

1. Handschrift E, Bodl. Laud. 636, bietet zwischen den Jahren 114 und 812 eine Reihe von wichtigen Nachrichten über Verhältnisse des Continents in lateinischer Sprache. Sie finden sich nicht in der von Thorpe besorgten Ausgabe, sind aber in den kritischen Noten unter dem Text der Chronik in den Monum. hist. Brit. und von Earle in seiner Ausgabe der Handschriften A und E abgedruckt.

Auf die Verwandschaft dieser Reste alter Jahrbücher mit den Ann. Lundenses hat zuerst Usinger aufmerksam gemacht,[1] nachdem die auffallende Uebereinstimmung der letzteren mit den Annal. Colon. schon früher von Waitz hervorgehoben war.[2] Waitz äusserte zugleich die Ansicht, dass eine englisch-normännische Chronik, welche im 11. oder 12. Jahrhundert nach Dänemark kam, den Ann. Lundenses zur Grundlage gedient haben müsse. Usinger zog auch die Annalen von Dijon[3] zur Vergleichung heran; auf der anderen Seite wies Hardy[4] darauf hin, dass die Annalen von Caen[5] in Beziehung zu jenen lateinischen

---

[1] Usinger, Die Dänischen Annalen und Chroniken des Mittelalters. 1861 S. 42 folg.

[2] Waitz, Nordalbingische Studien. Kiel 1850. Bd. V, 5. Ann. Colon. M. G. SS. I, 97.

[3] Ann. S. Benigni Divion. M. G. SS. V, 37.

[4] Hardy, Descriptive Catalogue I p. 658.

[5] Annalis historia brevis in monasterio S. Stephani Cadomensis conscripta. Duchesne, Hist. Norm. script. antiqui Paris. 1619 p. 1015—1021.

Zusätzen ständen. Zwischen die Annal. und Colon. Lund. treten zur Bestätigung der von Waitz ausgesprochenen Vermuthung und zugleich zur Erklärung der Art, wie die Nachrichten der Annal. Colon. nach Lund gekommen sein mögen, als vermittelnde Glieder erstens die Annalen von Dijon, zweitens die Annalen von Caen in der Normandie und drittens die lateinischen Zusätze zur Angels. Chronik in England [1]. Ich sehe mich in der Lage, diese Reihe noch vervollständigen zu können. Als Repräsentant der Annalen auf ihrer Station in der Normandie haben nicht die Annalen von Caen zu gelten, sondern die viel ausführlicheren und genaueren Annalen von Rouen, Annales Rotomagenses, aus welchen die Annalen von Caen abgeleitet sind. Auf diese Weise erklärt sich am besten das Vorkommen der Nachrichten über die Kirche von Rouen in den Annal. Lundenses, worauf Waitz hinwies [2]. Die Annalen von Rouen sind bisher niemals vollständig gedruckt worden. Labbeus giebt nur einen Auszug und lässt grade die für uns interessantesten Nachrichten weg [3]. Wir haben aber einen Ersatz hierfür. Die Annalen von St. Évroul, Ann. Uticenses, welche zuerst von Aug. Le Prevost im fünften Bande seiner Ausgabe des Ordericus Vitalis p. 139—173 publicirt worden sind [4] und von Christi

---

[1] Diese Reihe zuerst vollständig zusammengestellt von Pauli, Forsch. z. D. Gesch. XII. S. 148, welcher auch darauf hinweist, dass den „seefahrenden Dänen und Engländern ein annalistisches Verzeichniss aus Caen wohl leichter zugänglich war als aus Köln oder Dijon", wodurch die Priorität der Jahrbücher von Dijon vor denen von Caen mindestens wahrscheinlich wird. Dass die Ann. Colon. nicht direct, sondern durch Vermittlung der Ann. S. Ben. Div. in die Ann. Lund. übergegangen, zeigte schon Usinger S. 45. 46.

[2] Nordalb. Stud. V, 5. (ann. Lund. 307. 588. 635.) vergl. ann. Utic. (= Rotom.) 312. 588. 635 in der unten A. 4 citirten Ausgabe p. 143. 147. 148.

[3] Labb. Bibl. Nova 1657 I, 364.

[4] Paris 1855. 8°. Ich bin auf diese an versteckter Stelle gedruckten Annalen durch Herrn Wattelet aufmerksam gemacht.

Geburt bis zum Jahre 1503 reichen, sind nach des Herausgebers Ausspruch, welcher die Manuscripte einzusehen Gelegenheit hatte, aus den Ann. Rotomagenses entnommen [1]) und können uns dieselben ersetzen, bis eine vollständige Ausgabe der Annalen von Rouen erscheint. Die Annalen von St. Évroul sind, abgesehen von denen von Rouen, die vollständigsten und correctesten von allen, welche der genannten Gruppe angehören; sie sind namentlich viel ausführlicher und genauer als die Annalen von Caen [2]). Am meisten Verwandschaft zeigen sie mit dem anderen Annalenwerke auf welches ich hier aufmerksam machen wollte und welches der eigentliche Repräsentant der ganzen Gruppe in England ist. In dem Chronicon. S. Neoti [3]), in welchem wir schon oben die älteste Form eines Theils der Angels. Chr. entdeckten, finden sich auch, bisher fast ganz unbeachtet geblieben, fränkische Annalen, welche hierher gehören. Sie erstrecken sich von den Zeiten des Kaisers Claudius bis zum Jahre 914, wo sie von dem zwischen König Karl und Rollo geschlossenen Frieden berichten. Sie sind nächst den Annal. Utic. am reichhaltigsten, zeigen aber hin und wieder, z. B. zwischen 800 und 814, Lücken. Die Reihe der Annalen ist demnach jetzt folgendermassen festzustellen: Annal. Colon.; Annal. Sti. Benigni Divion.; Annal. Rotomagenses (= Ann. Uticenses; = Ann. Cadomenses); Chro-

---

1) Ord. Vit. l. c. p. LXVIII. Die übrigen aus den Ann. Rotom. stammenden Annalen, welche Le Prevost an dieser Stelle aufzählt (Rob. de Monte SS. VI, 475 und der Catal. des archev. de Rouen) haben (sowie die Acta ep. Rot. bei Mabill. Anal. p. 222 seq.) nur Localnachrichten von Rouen, welche jenen Annalen entlehnt sein können; nur die Ann. Fontanell. (Le Prevost l. c.; Bethmann SS. VI, 475 not.) wären zu vergleichen; doch sind sie meines Wissens noch nicht gedruckt. Endlich wird auch die von Le Prevost nicht erwähnte Chronik des Klosters Fécamp heranzuziehen sein: Chron. Fiscanense bei Labb. Bibl. Nov. 1657. p. 325.

2) Vergl. z. B. Ann. Cad. 913 und Ann. Utic. 913. 914. 917.

3) Gale Script XV. Oxon. 1691 p. 141—175.

nicon S. Neoti; Ann. Lundenses. Hierzu kommen als englische aber nur bruchstückweise erhaltene Glieder: 1. die Zusätze zu MS. E, von welchen wir ausgingen, und 2. einzelne Notizen in Simeon von Durham's Historia de regibus Anglorum (Recapitulatio p. 71—77 ed. Hinde; Continuatio p. 78).[1]) In der obigen Zusammenstellung sollen nur die Stationen, welche die Annalen von Köln auf ihrem Wege nach Lund zurückgelegt haben können, bezeichnet werden, es soll aber nicht gesagt sein, dass die Nachrichten in der angegebenen Reihenfolge auch wirklich durch die eine aus der andern entlehnt worden sind. Doch ist dies wahrscheinlich. Entlehnung der Ann. S. Benigni Divion. aus den Ann. Colon. beweist Usinger, Benutzung der Ann. S. Ben. Div. durch die Ann. Cadom. (resp. Rotom.) macht Pauli wahrscheinlich, (oben S. 84 A. 1) und die Ableitung der fränkischen Annalen des Chronicon S. Neoti aus denen von Rouen glaube ich behaupten zu dürfen. Dagegen können die Ann. Lund. ihre fränkischen und englischen Nachrichten nicht direct aus den Annalen im Chron. S. Neoti in ihrer jetzigen Gestalt entnommen haben; es ist vielmehr wahrscheinlich, dass ein vollständigeres Exemplar der letzteren existirt hat und dass aus diesem die Ann. Lund. schöpften.[2])

1)
Ann. Colon.
|
Ann. S. Benigni Divion.
|
Ann. Rotomag.

Canterbury Annalen.

Fortsetzung der Canterbury Annalen.

Compilation von Winchester.

Die Angelsächsische Chronik (in ältester Gestalt)

|
Chronicon S. Neoti.
= englisch normännische Quelle bei Waitz
Nordalb. St. V, 5 und Usinger S. 47
(nur fragmentarisch erhalten)
? | ?   (vgl. oben
Ann. Lundenses.   S. 53.)

2) Die englischen Nachrichten z. B. von Chron. Sax. 604. 642.

Wollen wir nun den lat. Zusätzen in MS. E ihre Stelle nachweisen, so genügt es, ihre völlige Uebereinstimmung mit den fränkischen Annalen im Chron. S. Neoti zu constatiren.[1]) Die geringfügigen Abweichungen sind nur redactioneller Natur oder den Abschreibern zur Last zu legen. Die Zusätze haben neben dem Chron. S. Neoti oder den Ann. Utic. gar keine selbstständige Bedeutung mehr, da sie nur ungenaue Abschrift aus einer uns noch erhaltenen Quelle sind.[2])

2. Rein localer Natur sind die übrigen Zusätze von MS. E, welche sich nur in dieser Handschrift finden und in angels. Sprache geschrieben sind. Sie beziehen sich sämmtlich auf die Geschichte des Klosters Peterborough und gehören nach Sprache und Inhalt höchstens einem Autor des zwölften Jahrh. an.[3]) Earle hat dies bemerkt und er schenkt auch in Folge dessen dieser Klosterge-

---

u. a. sind in der lat. Fassung des Chron. S. Neoti (Gale p. 143. 144.) in die Ann. Lund. (Nordalb. Stud. V, 19) übergegangen. Diese merkwürdigen Verhältnisse verdienen die eingehendste Untersuchung, welche mich aber hier, wo es sich nur um die Einordnung und Würdigung der lat Zusätze zu MS. E handelt, gar zu sehr von meiner eigentlichen Aufgabe abziehen würden.

1) Die Zusätze zu Handschrift E sind allein den normännischen Annalen entnommen und können demnach als „englische" Aufzeichnung (Pauli S. 163) nicht gelten.

2) Seltsam verderbt sind sie beim Jahre 812. Wegen der Lücke im Chron. S. Neoti mögen die Annalen von St. Évroul zur Vergleichung dienen:

Zusatz zu MS. E. 812:	Annales Uticenses 811: Niche-
Cireneius Karolo imperatori legatos suos cum pace mittit. Korolus imperator obiit.	forus obiit. Michael imperator, gener ejus qui Karolo imperatori legatos suos cum pace mittit. 814. Karolus imperator obiit.

Man sieht die Unvollständigkeit und Ungenauigkeit der Zusätze. Cireneius = gener ejus.

3) Earle, Two of the Saxon Chronicles parallel p. XLIV.

schichte, nach welcher Peterborough schon 656 von aller bischöflichen Gewalt soll eximirt worden sein, wenig Glauben. Für das achte Jahrh. kommt der zum Jahre 777 eingeschobene Bericht über zwei Urkunden des Klosters in Betracht, welche uns glücklicher Weise erhalten sind¹) und deren Glaubwürdigkeit wohl nicht beanstandet werden kann. Die Zeit der Abfassung lässt sich nicht genau feststellen. Die erstere der beiden Urkunden gehört den Jahren 787—796 an, die zweite den Jahren 757—796 oder wenn man will 772—796, da der in ihr erwähnte Berhtwald höchstens seit dem Jahre 772 Ealdorman (princeps) war, als welcher er hier bezeichnet ist.²)

3. Zahlreich sind die Zusätze zu der Handschrift F, Cott. Domit. A. VIII. Einige derselben (758. 759. 762) geben die Sedenz der Erzbischöfe von Canterbury an; sie scheinen erst spät und nachdem die Angels. Ann. ihre jetzige Gestalt angenommen, nach ihnen berechnet zu sein und haben keinen besonderen Werth. Unter den Jahren 742 und 796 werden sodann die in denselben abgehaltenen Synoden verzeichnet und bei der zweiten 796 sogar der angeblich von ihr über die Klöster gefasste Beschluss in angels. Sprache mitgetheilt.³) Es ist derselbe, welcher nach einem von Spelman⁴) abgedruckten lateinischen Manuscript einem Concilium Bacanceldense und dem Jahre 798 angehört. Die Untersuchungen über dieses Concil hatten bisher zu keinem genügenden Ergebniss geführt. Stubbs hat dieselben (Councils III, 512, 516, 518 not.) noch einmal aufgenommen und zu einem, wie es scheint, abschliessenden Resultate gebracht. Darnach ist der Zusatz zu MS. F. 796 aus einer unvollständigen Copie der Acten des Concils von Cloveshoe vom Jahre

---

1) Cod. dipl. n. 165. 168. Vgl. Earle p. 54 n. 9.
2) Cod. dipl. n. 119. 120; als princeps zuerst 774 n. 121. Kemble setzt n. 168 ohne Grund in das Jahr 796.
3) Earle p. 297. M. h. Br. 339.
4) p. 317. Wilk. Conc. 158.

803 entnommen; der Verfasser des Chartulariums von Canterbury, von welchem die lat. Form bei Spelman p. 317 herrührt, hat dann willkürlich den Ort an dem die Beschlüsse gefasst seien sollen (Baccancelde) und aus anderen Urkunden eine Reihe von Unterschriften hinzugefügt.

Unter dem Jahre 798 (dieses Jahr nur in MS. F, in den übrigen Handschriften entspricht 797) stehen erwünschte Nachrichten aus den östlichen Gegenden: der Tod Bischof Aelfhun's von Domuc[1]), die Reise des Königs Siric von Essex nach Rom[2]) und endlich die auch ausführlicher bei Florenz von Worcester und in den Annalen von Waverley und denen von Ely erzählte Translation der h. Wihtburg zu Derham in Norfolk. Weiter wird 806 und 808 von Himmelserscheinungen berichtet. Die Nachricht über Ealchmund von Kent 784 steht ausser in dieser Handschrift auch als späterer Zusatz in MS. A. Earle macht wahrscheinlich, dass der Schreiber von MS. F, welcher dem zwölften Jahrh. angehört, auch der Interpolator von MS. A sei. Ebenso wird es sich bei den übrigen Jahren, in denen beide Handschriften gleiche Zusätze haben, z. B. 748. 760. 768, verhalten. Eigene Nachrichten hat Hand-

---

1) Sein Nachfolger Tidfrid erscheint in den Urkunden zuerst 798, Cod. dipl. n. 175, und dann oft, wodurch die Nachricht von MS. F bestätigt wird.

2) Es ist offenbar der Sigricus dux, welcher König Ecgfrid's Urkunde Cod. dipl. n. 172 unterschreibt. Dass er hier dux dort cing genannt wird, kommt nicht in Betracht: er wird ein Ealdorman, ein vom Könige von Mercia abhängiger Vorsteher der Landschaft Essex aus dem alten königlichen Geschlechte dieses früher selbstständigen Gebietes gewesen sein, ein Verhältniss, wie wir es zu Offa's Zeiten auch sonst antreffen, das aber dem Chronisten vielleicht unbekannt oder doch weniger geläufig war als die Vorstellung, dass in Essex ein eigener König herrschte. Sigric kommt später in den Urkunden nicht mehr vor, was gleichfalls jener annalistischen Nachricht zur Bestätigung dient.

schrift F noch 767, 787, 793 (S. Albani translatio; nur in Mon. h. Br.).

Wie die den beiden Handschriften E und F gemeinsamen Zusätze Northumbrien und die welche sich nur in MS. E fanden, soweit sie angelsächsisch abgefasst waren, dem Kloster Medeshamstede angehörten, so beziehen sich die selbstständigen Notizen der jüngsten Handschrift F sämmtlich auf Kent und die benachbarten Gegenden. Welcher localen Quelle sie entnommen sind, wissen wir nicht, dürfen ihnen aber Glaubwürdigkeit nicht absprechen.

III. Die abgeleiteten Quellen.

So viele noch der Annalen und Chroniken jüngeren Ursprungs diese frühere Zeit umfassen, sie sind sämmtlich aus den bisher besprochenen, aus der Angelsächsischen Chronik und den Northumbrischen Annalen, wie sie Simeon überliefert hat, abgeleitet und dienen, ausser zu unnützen Citaten, dem Forscher auf diesem Gebiete nur durch wenige eigene Zusätze. So gross die Fülle des Materials Anfangs zu sein scheint, so sehr schmilzt sie bei genauerer Betrachtung zusammen.

Aethelweard (c. 994) und Florenz von Worcester († 1118) übersetzten die Angels. Chr. mit mehr oder weniger Geschick. Heinrich von Huntingdon gab ihr durch die Rechnung nach Regentenjahren statt nach Jahren der Incarnation eine flüssigere Form. In dieser Gestalt fand sie Aufnahme in der Historia post Bedam.[1] Hier begegnet sie sich mit Simeon von Durham, ist aber nur ganz mechanisch mit ihm verbunden. Die Historia bietet erst ein Stück aus Simeon, dann ein Stück aus Huntingdon und dann wieder eins aus Simeon. Sie bildet den ersten Theil der Chronik Roger's von Hoveden. Malmesbury's Historia regum liegt gleichfalls die Angels. Chr., aber in etwas trümmerhafter Gestalt zu Grunde und ist mit andern werthvollen Stücken verbunden. Die Nachrichten Simeon's

---

[1] Stubbs pag. XXXI.

und Huntingdon's verschmolz mit denen Wilhelms von Malmesbury und einiger Chronisten des Festlandes zu einem Ganzen von wunderbarer chronologischer Unordnung der erste Historiker von St. Albans, Roger von Wendover, in seinen Flores historiarum, auf dessen Schultern stehend dann Matheus Parisiensis in ähnlicher Weise weiter arbeitete. Er hat in der Vita Offae die alten genauen ihm von Wendover überlieferten Nachrichten mit einem wahren Wust willkürlicher Ausschmückungen überschüttet. Bei ihm machen wir halt, die jüngeren Chronisten wie z. B. Bromton bei Seite lassend. Der Versuch, auch in ihnen noch besondere alte Nachrichten aufspüren zu wollen, würde doch gar zu geringfügige Resultate haben. Sehen wir jetzt was die oben genannten Autoren uns Neues bringen und welchen Werth wir diesem Neuen beilegen müssen.

1. Aethelweard.

Aethelweard folgt von allen Uebersetzern der Chronik seiner Vorlage am Genauesten. Für den hier zu behandelnden Zeitraum kommt an eigenen Zusätzen eigentlich nur in Betracht, dass von ihm der Ort angegeben wird, bei welchem die Normannen unter Beorhtric's Regierung zum ersten Male landeten,[1]) Dorchester, und ebenso der Name des gerefa, welcher ihnen entgegenritt. Er hiess Beaduheard und wird hier als exactor regis bezeichnet (Lappenberg S. 267. 268). Wir haben keinen Grund diese Nachrichten zu verwerfen. König Offa wird von Aethelweard als vir mirabilis angeführt (Mon. h. Br. p. 508). Hat dies auch an sich wenig Bedeutung, so ist doch das eine Wort ein Beweis, dass der Chronist, welcher am Ende des zehnten Jahrh. lebte, sich den König noch nicht als grausamen, blutdürstigen und treulosen Tyrannen vorstellte, wie derselbe später geschildert wurde.

---

1) S. oben S. 67. Mon. h. Br. p. 509 Ethelwerdi Chron. lib. III prologus.

Zu seiner Zeit muss die Legende Aethelberht's von Ostanglien, auf welche diese Auffassung namentlich zurück zu führen ist, noch keine grosse Verbreitung gehabt haben oder noch nicht sehr ausgebildet gewesen sein. Diese negative Bedeutung Aethelweard's darf man nicht zu gering anschlagen.

2. Florenz von Worcester.

Bei diesem Autor müssen wir wieder mehrere Unterscheidungen treffen. Seine Quelle war die Worcester Handschrift der Angels. Ann., MS. D.[1]) Was in dieser Handschrift als ursprünglicher Text und späterer Zusatz aus north. Quelle zu scheiden war, ist auch hier zu scheiden. Was nicht in Handschrift D, aber in Florenz' Chronik steht, ist von ihm hinzugesetzt worden; hierher gehört namentlich der Bischofskatalog von Worcester. Von diesen Zusätzen, welche Florenz der Handschrift D hinzugefügt, sind wieder diejenigen zu scheiden, welche ein späterer Interpolator seiner Chronik zugesetzt hat und welche in den neueren Ausgaben in den Monum. Brit. und bei Thorpe als Zusätze kenntlich gemacht sind. Wir haben hier also vier Theile auseinander zu halten:

1. Die ursprünglichen Angels. Ann., aber mit den Verschiebungen.
2. Die Northumbrischen Zusätze.
3. Die eigenen Zusätze des Autors.
4. Zusätze eines Interpolators.

Es handelt sich für uns noch um die Bestimmung des Werthes der beiden letzteren Theile, welcher ein sehr verschiedener ist.

a. Die Zusätze, welche Florenz selbst dem Texte seiner Vorlage hinzugefügt hat, sind chronologisch nicht vollständig zuverlässig, aber doch ungefähr richtig eingeordnet. Die beiden Angaben, dass Bonifaz 755 gestorben und Lull ihm 756 auf dem erzbischöflichen Stuhle in Mainz

---

1) Earle p. XXXIX. XL.

gefolgt sei, hat unser Autor mit den falschen Zahlen aus Marianus Scotus entnommen.[1]) Die Sonnenfinsterniss vom 5. Mai 840 berichtet er unter dem Jahre 839. Der werthvollste Theil der Zusätze ist der **Bischofscatalog von Worcester.** Die urkundlichen Zeugnisse stimmen im Allgemeinen mit den hier gebotenen Angaben über die Sedenz der Bischöfe überein, ohne dass sie dieselben überall als richtig erwiesen. Nur an einer Stelle fordern sie direct ein anderes Jahr: Heathored von Worcester stirbt nach Florenz 798, unterschreibt aber noch 799 eine Urkunde Coenwulf's (Cod. dipl. n. 1020). An einer anderen Stelle widerspricht ihm die Angels. Chronik. Milred stirbt nach Florenz im Jahre 775,[2]) nach der Chronik 774. Florenz stand dem Orte, die Chronik der Zeit nach den Ereignissen näher; jener wird nach localen Aufzeichnungen, diese aus den völlig gleichzeitigen Canterbury Annalen geschöpft haben. Man kann schwanken, wer von beiden Recht hat. Ich stelle mich auf die Seite der Chronik, ohne jedoch ihre Angabe bestimmt beweisen zu können.

Unter dem Jahre 758 meldet Florenz, dass um diese Zeit in Essex Swithred, in Sussex Osmund, in Ostanglien Beorn[3]) geherrscht habe: diese Nachricht wird glaubwürdig durch den Umstand, dass mindestens sieben Jahre später wirklich der eine der genannten Könige, Osmund von Sussex, urkundlich nachweisbar ist.[4])

Ueber die Erzbischöfe von Canterbury, den Tag ihrer Consecration oder ihres Todes hat Florenz Angaben, welche im Allgemeinen mit denen bei Eadmer übereinstimmen. Wenn er in den Jahreszahlen bei gleichem Texte von den Angels. Annalen abweicht, so kann dies nicht

---

1) M. G. SS. V, 547; vgl. p. 492.
2) Flor. Wig. ed. Thorpe I, 59. Kemble hat in Cod. dipl. n. 127—129 775 als Milred's Todesjahr angenommen.
3) Vgl. Sim. Dun. 749; ed. Hinde p. XX n. b.
4) Cod. dipl. n. 1009. Vgl. n. 1001. 1010.

von Bedeutung sein und ist auf Schreibfehler zurückzuführen. Für das Jahr 793, in welches er die Weihe Erzbischof Aethelheard's setzt, mag ihm eine richtigere Nachricht vorgelegen haben: er widerspricht hier nicht den rectificirten Annalen, sondern er ergänzt sie.[1])

Endlich ist noch hervorzuheben, dass Florenz die Chronik nicht immer einfach übersetzt, sondern bisweilen ihre Nachrichten in farbenreicher Darstellung umschreibt. Als ein Beispiel führt Earle[2]) das Annale 827 an und sieht hier mit Recht nichts als rhetorische Ausschmückung. Sehr stark ist von dieser unter den Jahren 793 und 819 Gebrauch gemacht; dort die Ermordung des h. Aethelberht durch Offa, hier des h. Kenelm Tod durch seine eigene Schwester. Diese Heiligengeschichten knüpfen an Chron. Sax. 790 (792) und 819 (821) an, sind aber stofflich und sprachlich amplificirt unter dem directen Einfluss der theils im benachbarten Sprengel von Hereford, theils im Sprengel von Worcester selbst, im Kloster Winchcombe ausgebildeten officiellen Legenden. Als selbstständige Nachrichten neben diesen dürfen sie wohl kaum gelten.

Abgesehen von solchen sagenhaften Theilen verdienen die Zusätze, welche Florenz zu seiner Uebersetzung machte, im Allgemeinen Glauben, wenn sie auch nicht vollständig zuverlässig sind.

b. Einen andern Character tragen die Zusätze des Interpolators. Sie erstrecken sich über den Zeitraum von 607—1020 und betreffen namentlich die Bischöfe von Hereford, Chester und Lichfield, deren Sedenz sie berichten und zwar fast durchgängig in der Formel Defuncto N. successit N. Nach der Angabe des Herausgebers in den Mon. h. Br. sind sie meistens aus Malmesbury's Gesta pontificum entnommen, eine Ansicht welcher auch Thorpe beitritt. Welches auch immer ihr Ursprung sei, so viel

---

1) Vgl. oben S. 34.
2) p. XL.

ist sicher, dass man sich in keiner Weise auf sie verlassen kann. Die Reihenfolge der Bischöfe ist die richtige, hin und wieder wird das Todesjahr auch wohl ungefähr richtig angegeben, in der Regel aber falsch, so dass man als festen Stützpunkt keinen dieser Zusätze benutzen darf.[1]) Hygebriht von Lichfield soll 787 gestorben sein, und doch lebte er bis 801 (Cod. dipl. n. 1023). Eadberht von Leicester soll 796 gestorben sein und doch sass 788 schon sein Nachfolger Unwonna auf dem bischöflichem Stuhle (Cod. dipl. n. 153 seq.). Cyneheard soll 788 gestorben sein; in demselben Jahre lässt sich sein vierter Nachfolger Cyneberht nachweisen (Cod. dipl. n. 153), der dritte Nachfolger, Ecgbald, aber schon zehn Jahr vorher, 778 (Cod. dipl. n. 133). Weiterer Beweise wird es nicht bedürfen.

3. Heinrich von Huntingdon.

Huntingdon, welcher um das Jahr 1160 lebte, übersetzte die Angels. Chronik wie Florenz von Worcester, aber in blühenderem Stile. Man hat bei ihm wohl mit Recht Benutzung alter Lieder zu erkennen geglaubt;[2]) auch was er ausser der Uebersetzung seiner Vorlage über König Offa sagt, scheint mehr auf mündliche Tradition als auf schriftlich fixirte Ueberlieferung hinzuweisen. Eher den Eindruck, den des Königs Wirken beim Volke gemacht und welcher sich im Munde desselben, vielleicht in Liedern fortgepflanzt hat, lernen wir bei ihm kennen, als bestimmte historische Facta. Ich setze die betreffenden Stellen her:

Offa juvenis nobilissimus fuit. — — —. Offa strenuissimus rex fuit, vicit namque Centenses proelio, vicit quoque Westsexas proelio, vicit quoque Nordhumbros proelio. Offa fuit vir religiosus; transtulit namque ossa S. Albani

---

1) Vgl. Pauli Aelfred S. 6 über das vom Interpolator durchaus falsch angegebene Todesjahr Bischof Asser's.
2) Pauli, König Aelfred S. 16.

in monasterium quod construxerat multisque modis ditaverat deditque vicario B. Petri Romanae urbis pontifici redditum statutum de singulis domibus regni sui in aeternum. — — His diebus Adrianus papa et rex magnus Offa vitae metas attigerunt.¹)

Von dem Zerrbilde des Königs, wie es Malmesbury nach den Heiligengeschichten aufstellte, ist hier noch keine Spur, ein bedeutender Grund des Vertrauens für jeden, welcher die echten Quellen über Offa's Leben und Character genauer betrachtet hat. Dass aber der König die Northumbrier besiegt habe, mag ich Huntingdon, welcher später weder Ort noch Zeit des Kampfes anzugeben weiss, nicht glauben, da die in dieser Zeit ziemlich ausführlichen Annalen Northumbriens nichts davon sagen, und auch sonst sich nirgends ein Anhalt dafür findet. Dass ferner Offa eine bestimmte Summe Geldes in den letzten Zeiten seines Lebens jährlich nach Rom sandte, bestätigt sich, aber nicht, dass dieses nach Art des späteren Peterspfennigs eine auf den einzelnen Häusern lastende Steuer war; hier wird eine Erweiterung durch die Tradition vorliegen, welche frühere Verhältnisse den späteren anpasst.

Earle hat bemerkt, dass Lappenberg S. 233 mit Unrecht speciellere genaue Nachrichten über Kent bei Huntingdon zu finden glaubte; was dieser p. 732 über Eadbert Prän sagt, hat er der Angels. Chronik entnommen,²) vielleicht abgesehen von der Notiz, dass derselbe mit Ecgberht von Wessex verwandt war, über deren Werth ich nichts sicher auszusagen vermag, welche aber nach Earle p. 298 auf einem falschen Verständniss des Annale 823 (825) der Angels. Chronik beruht.

Auch an einer anderen Stelle scheint er etwas über Kent zu wissen. Er berichtet genau nach der Chronik die Vorgänge auf der Synode zu Cealchyð vom Jahre

---

1) M. h. Br. p. 729—731. Vgl. Chron. Sax. 794 (796).
2) Chron. Sax. 794 (796); 796 (798).

787, so auch dass Ecgferð, Offa's Sohn, zum Könige geweiht sei, aber er fügt hinzu: Kentensis provinciae (p. 731); diese Nachricht, dass Ecgferð 787 König von Kent geworden sei, hat Lappenberg an einer Stelle verworfen und an einer andern angenommen,[1]) Earle hat sie als richtig vertheidigt.[2]) Als Grund giebt er an, dass durch die Schlacht bei Otford 773 (lies 776)[3]) die Ansprüche der Mercier an Kent so bedeutend gewachsen seien, dass man sich wohl denken könnte, dass Offa seinen Sohn zum Könige des Landes habe krönen lassen. Die Schlacht war aber schon eilf Jahr zuvor geschlagen und wenn sie auch die Uebermacht der Mercier noch verstärkt hatte, so blieb doch nach ihr der bisherige König im Lande und zwar verhältnissmässig unabhängig. König Ecgberht, welcher hier vorzugsweise in Betracht kommt, stellte auch nach dem Jahre 776 noch Urkunden aus, welche zu ihrer Gültigkeit der Bestätigung durch König Offa nicht bedurften,[4]) was bei denen der Unterkönige der Hwiccas und von Sussex der Fall war. Es ist richtig, dass wir in den letzten Jahren Offa's seit 784 keinen König von Kent nachweisen können; aber auch Ecgfrid lässt sich nicht als solcher nachweisen. Wir wissen von keiner Regierungshandlung, von keiner Schenkung, die er vor 796 hier vorgenommen hätte; und, was besonders in's Gewicht fällt, er nennt sich in den Urkunden nicht König von Kent, oder König der Provinz Kent, sondern entweder König der Mercier oder einfach König.[5])

---

1) S. 244. Vgl. S. 231. Dort sagt er, er sei König der Hwiccas gewesen, hier nennt er Kent als sein Reich.

2) p. LXII; 295.

3) Chron. Sax. 774 (776) MS. C D E und Whelock's Handschrift ed. 1644 p. 524.

4) Cod. dipl. n. 132. 135. Die specielle Darstellung dieser Verhältnisse muss einer späteren Gelegenheit vorbehalten werden.

5) Cod. dipl. n. 152. 155 und öfter. Die Erklärungsversuche Hook's p. 252, Offa habe seinen Sohn zum Könige von Kent gemacht,

Endlich ist es höchst wahrscheinlich, dass Eadbert schon vor Offa's Tode sich zum Könige von Kent aufwarf,[1]) was sehr schwer zu erklären sein würde, wenn der Sohn des mächtigen Nachbaren daselbst auf dem Throne sass; er würde es in diesem Falle wohl nicht gewagt haben, und bei der Machtfülle Offa's ist es nicht denkbar, dass er seinen Sohn durch einen Usurpator sollte haben vertreiben lassen.

Es liessen sich noch andere Gründe hinzufügen, aber die angeführten werden genügen, die Vermuthung zu rechtfertigen, dass Huntingdon an jener Stelle willkürlich, vielleicht nach Analogie späterer westsächsischer Zustände[2]) sein Kentensis provinciae hinzugefügt hat, und dass auch dieser einzige von Earle vertheidigte Zusatz nicht auf alte Quellen zurückweist.

Die fränkischen Nachrichten der Jahre 768. 769 (= Chron. de Melrose). 773. 776. 780. 800 und ihre Quelle interessiren uns hier nicht.

Dass den Abbreviationes regum am Schluss der einzelnen Bücher keine besondere Bedeutung zukommt, wie sie ihnen Stubbs beizulegen scheint, wird oben S. 24. 25 n. 4 zur Genüge klar geworden sein.

4. Ingulph.

Ingulph's Descriptio[3]) erwähne ich hier nur kurz, um

---

entirely to cripple the Archbishop of Canterbury and prevent any further pretension on his part to sovereign power, beruhen auf falschen Ansichten über das Verhältniss Offa's zum Erzbischof, welche in der Vita Offae ihre Quelle haben.

1) Alc. op. 66 ep. 51. Alcuin schreibt an Aethelheard, er werde Offa bitten ihm beizustehen gegen die Unruhstifter. Aethelheard ward durch Eadbert aus Canterbury vertrieben, weshalb auch wohl jene Stelle auf letzteren zu beziehen ist.

2) Earle p. 295. Vgl. Lappenberg S. 241 A., wo aber falsch gesagt ist, Huntingdon nenne Egfert Withred's Sohn.

3) Descriptio compilata per dominum Ingulphum abbatem mo-

darauf aufmerksam zu machen, dass dieselbe vollständig unzuverlässig ist. Man hat dies schon lange erkannt, aber trotzdem nicht aufgehört, sie zu benutzen. Ingulph kann für das achte Jahrh. nicht den mindesten Anspruch auf Glaubwürdigkeit machen. Seine annalistischen Nachrichten schliessen sich der verschobenen Angels. Chronik an, seine Urkunden sind gefälscht, das Werk selbst ist erst spät zusammengetragen ¹)

5. Wilhelm von Malmesbury.

Sind Nachrichten, welche bei Ingulph stehen, schon deshalb dringend verdächtig, weil sie bei ihm sich finden, so verhält es sich bei Malmesbury ganz anders. Ihm verdanken wir eine Reihe der wichtigsten und werthvollsten Nachrichten; namentlich Briefe bedeutenden Inhalts hat grade er uns in Menge erhalten. Auch über die Geschichte einzelner Bisthümer und Klöster erscheint er gut unterrichtet. Aber in Betreff der allgemeinen Geschichte beruhen seine Gesta direct oder indirect auf der Angels. Chronik, deren falsche Chronologie er auch angenommen hat, und auf jenen eingefügten Bruchstücken von Briefen und Urkunden. Scheidet man diese sorgfältig aus, so hat man an ihnen gutes Material, nicht bloss die geschichtlichen Verhältnisse der Zeit, denen sie angehören, zu erkennen, sondern auch Material, andere Nachrichten bei Malmesbury, welche scheinbar auf besondere Quellen hinweisen, als bloss subjective Ansichten des Autors zu erkennen, welche er sich von seinem Standpunkte aus nach diesem ihm und auch uns vorliegenden Stoffe gebildet hat. Den Stoff entnehmen wir dankbar von ihm, seine Auffassung werden wir meistens zurückweisen müssen. Man hat leider versäumt, diesen Unterschied zu machen

---

nasterii Croyland bei (Fell) Rer. Angl. Script. tom. I. Oxf. 1684. p. 1 — 107.

1) Hardy Catalogue II, 58. Selbst Lappenberg benutzt Ingulph's Angaben noch als richtig. S. 219. 231.

und ist Malmesbury auch da gefolgt, wo er nur seine eigenen Ansichten über die Dinge aussprach, „man hat die Folgerungen, die er aus den Thatsachen gezogen hat, auch als thatsächliche Ueberlieferung gelten lassen."[1]) Belege hierfür liessen sich in Menge anführen; doch würde eine eingehende Besprechung zu sehr auf Erörterung von Einzelfragen hinauslaufen und hier zu viel Raum in Anspruch nehmen; sie lässt sich am besten mit einer Darstellung der Zeit verbinden.

6. Roger von Wendover.

Der Name und das grosse Geschichtswerk Wendover's (st. 1236), die Flores historiarum von der Schöpfung bis zum Jahre 1235 waren lange Zeit völlig zurückgetreten hinter dem Ruhme des zweiten Historikers des Klosters, Matheus Parisiensis, welcher die Arbeit Wendover's seiner eigenen einfügte. Jetzt endlich ist Wendover's Name wieder zu seiner verdienten Ehre gekommen, seit Coxe für die English historical society in den Jahren 1841—1844 sein Werk vom Jahre 447 bis 1235 nach dem einzigen erhaltenen Manuscripte herausgegeben hat. Coxe vindicirt ihm p. XXIX mit vollem Recht die Autorschaft der Flores historiarum bis zum Jahre 1235 und weist die Ansicht, dass von Wendover nur der erste Theil bis zum Jahre 1190, das Andere von Matheus verfasst sei, mit guten Gründen zurück, und tritt auch für die Glätte seines Stiles und die Unparteilichkeit und Wahrheitsliebe seines Autors Matheus gegenüber in die Schranken.

Als Quellen Rogers nennt er p. XXVII Beda, Malmesbury, Florenz von Worcester und Huntingdon; das mag richtig sein, genügt aber nicht. Für unsere Zeit hat Roger besonders drei Quellen. Die northumbrische Ueberlieferung entnimmt aus Simeon von Durham, die südhumbrische aus Heinrich von Huntingdon. Ohne Sorge um ihre

---

1) Sauppe über Plutarch: Die Quellen Plutarchs im Leben des Perikles. Göttingen 1867. S. 4.

von einander abweichende Chronologie stellt er die Nachrichten derselben, oft noch gar sie mit einer anderen falschen Jahreszahl versehend, nebeneinander und verknüpft mit ihnen die ausführlicheren Nachrichten und Documente Wilhelms von Malmesbury; so mechanisch verfährt er aber dabei, dass er aus ihm auch solche Angaben aufnimmt, welche er in ähnlicher Fassung aus Simeon oder Huntingdon schon einmal entnommen hat. Die Verhältnisse des Continents erzählt er, wie Coxe p. XXVII richtig bemerkt, nach der Chronik Sigeberts von Gembloux, doch hat ihm neben derselben noch ein Papstkatalog zu Gebote gestanden.[1])

Einige Beispiele mögen die Art, wie Wendover sein Werk compilirte, erläutern. Ich wähle dafür die Jahre 774—778 aus.[2])

774. Karl der Grosse besiegt die Longobarden; = Sim. Dun. 774 p. 24 ed. Hinde.

775. Offa tritt in Verbindung mit Karl dem Grossen, p. 240—242; = Malmesb. Gest reg. Angl. ed. Hardy I, 127. Malmesbury hat keine Jahreszahl hinzugesetzt; da aber eine solche in der Chronik unerlässlich ist, muss Roger dieselbe beifügen; er nimmt das auf das vorige Annale 774 folgende Jahr, also 775. Hieraus floss dann wieder, man verzeihe, dass ich vorgreife, die sonst vollkommen unverständliche Angabe in der Vita Offae p. 977 lin. 27,

---

[1] Was Wendover über fränkische Ereignisse aus Simeon entnommen, hat Pauli Forsch. XII. S. 150—156 zusammengestellt. Die Nachricht unter 770 über den Zug Karls nach Sachsen S. 151 ist natürlich keine selbstständige Nachricht Wendover's, sondern nur corrumpirt aus Sim. Dun. 772. Die Notiz über Karlmanns Tod Sim. Dun. 771 steht Wendover p. 239. 240. gleichfalls verderbt. Hadrians Todesjahr und Sedenz S. 154 wird er dem Papstcatalog entnommen haben. Die Taufe Witichinds und Albions S. 152 bei Sim. D. 784 = Sigeb. Gembl. 785, M. G. SS. VI. p. 335, gehört also nicht den alten Northumbrischen Annalen an.

[2] Wend. p. 240—243.

dass mit dem Jahre 675 (corrumpirt aus 775) die Kriege Offa's gegen seine Nachbarn ein Ende gehabt und sein freundschaftlicher Verkehr mit Karl dem Grossen begonnen habe.

776. Schreckliche Zeichen am Himmel nach Sonnenuntergang; = Henr. Hunt. p. 730, aber s. a. 774; = Chron. Sax. 774 (776), also scheinbar verbessert.

777. Tod Kaiser Constantins; = Sig. Gembl.

778. Nachricht über den Tod Bischof Pehtwin's von Whiterne; nach Sim. Dun., aber 777.

778. Aufstand der northumbrischen Grossen Aethelwold und Herebert; = Henr. Hunt. p. 730; = Zusatz zu Chron. Sax. 778; Aeðelbald and Hearberht.

Es würde zu weit führen, wollten wir in dieser Weise zu allen Nachrichten über die zweite Hälfte des achten Jahrh. die Quelle nachweisen und so thun, was der Herausgeber versäumt hat.[1]) Es genügt, auf den Ursprung derselben hingewiesen zu haben; sie sind, wie eine Vergleichung leicht ergeben wird, sämmtlich aus den genannten Quellen entnommen und haben für uns also keinen selbstständigen Werth. Von wirklichem Interesse sind nur einige specielle Nachrichten über die Gründung von St. Albans und über den Gründer des Klosters, für welche sich keine Quellen nachweisen lassen. Es sind folgende: 1. Die Translation der Ueberreste des h. Alban p. 251—254. 2. Offa's Reise nach Rom p. 254—257. 3. Gründung und Dotirung des Klosters p. 257—259, darin wahrscheinlich nach Malmesbury eingeschoben eine Aufzählung der 23 Gaue über welche Offa geherrscht haben soll p. 257. 258.[2]) 4. Der Tod Offa's und Sagen, welche sich an sein Grab knüpfen p. 261.

Ferner gehört zu den selbstständigen Zusätzen Wendover's 5. die Amplification der Worte Huntingdon's p.

---

1) Pauli, Forsch. XII, 150 n. 2.
2) Vgl. Malm. Gest. reg. ed. Hardy I. p. 140. 141. Math. Par. hist. maj. 1684. p. 796. und p. 986 (Vita Offae).

729 (Wend. p. 235), und 6. die eigenthümliche Fassung der Geschichte des h. Aethelbert, welche von der officiellen Legende einigermassen abweicht; p. 249—251.

In dem ersten Theile dieser Nachrichten (1—4) haben wir die im Kloster selbst über die Gründung desselben allmählich ausgebildete Tradition in ihrer einfachsten Gestalt und ältesten Ueberlieferung zu erkennen.¹) Eine ausführliche **Gründungsgeschichte von St. Albans** wird uns hier zuerst geboten und es scheint, als ob wir Wendover für ihre Aufzeichnung zu Dank verpflichtet wären. Es mag hier ein alter Kern zu Grunde liegen; aber leider ist dieser von den späteren Bildungen und Zusätzen der Tradition so überwuchert, dass es in der That gerathen erscheint, lieber darauf zu verzichten ihn herausschälen zu wollen. Von Anachronismen, wie der längst erkannte, dass Offa in Rom Alban und das zu gründende Kloster habe canonisiren lassen wollen,²) sehe ich ab; sie könnten schon leichter ausgeschieden werden. Aber was soll noch als Wahres übrig bleiben, wenn die Hauptsache, die Reise Offa's nach Rom und die Ausstattung des Klosters mit besonderen päpstlichen Privilegien, sich als falsch erweist? Gegen den letzteren Punkt ist die im Kloster selbst aufbewahrte Urkunde Offa's vom Jahre 793 vollgültiger Beweis. Nach Wendover p. 256 eximirte der Papst das Kloster von aller bischöflichen und erzbischöflichen Gewalt und bestimmte, dass es unmittelbar unter dem Papst stehen sollte. Muss es schon auffallen, dass der Geschichtschreiber des Klosters für ein so wichtiges Privilegium nicht nur keine Urkunde beifügt, sondern auch

---

1) Doch vgl. unten S. 107 A.

2) p. 256. de loco simul et beato Albano canonizando. Vgl. Pagi ann. 794 n. 13. Leibniz Annal. I, 175. Die Heiligsprechung durch den Papst begann erst im 10. Jahrhundert. Der erste, welcher canonisirt wurde, war Udalrich von Augsburg (924—973) im Jahre 993. Mabill. Praef. ad Acta SS. Ord. Ben. Saec. V, no. 99. ss. Gieseler K. Gesch. II, 1, 245. A. b.

nicht einmal der factischen Ausstellung eines päpstlichen Documents gedenkt, so ist es mit einer Exemtion des Klosters gradezu unvereinbar, dass in der Gründungsurkunde, denn das scheint die oben erwähnte vom Jahre 793 zu sein, von einem Bischof die Rede ist, qui super eos erit.[1]) Würden die Mönche des Klosters diese Urkunde

---

1) Cod. dipl. n. 162. Kemble bezeichnet die Urkunde als verdächtig, und Stubbs, welcher sie Councils III, 493 seq. eingehend bespricht, ist nicht abgeneigt sie gleichfalls zu verwerfen. Doch erscheint die Vertheidigung der nur in den Additamenta zu der Historia major des Matheus Parisiensis, also in sehr später Quelle überlieferten Urkunde nicht als erfolglos. Nach Absonderung der Interpolationen bleibt ein zuverlässiger Kern zurück. Aus der Reihe der Unterschriften sind die Namen der 9 Könige, welche zwischen denen Ecgfrid's und Hygeberht's stehn, auszuscheiden. Es sind die Namen der 7 letzten auf Ecgfrid folgenden Herrscher von Mercia und die Ecgberht's und Älfred's von Wessex. Palgrave Commonwealth II, 215 n. 114 meint, sie seien einzeln von ihnen zur Bestätigung hinzugefügt, wahrscheinlicher ist, dass ein Abschreiber vielleicht aus der zweiten Hälfte des 9. Jahrh. sie hinzusetzte, um der Stiftungsurkunde mehr Ansehn zu geben. Die Namen der unterzeichneten Geistlichen, der Erzbischöfe von Lichfield und Canterbury nebst ihren 11 Suffraganen gehören nachweislich sämmtlich den Jahren 792—796, also auch dem Jahre 793 an, wenn man die der überzähligen Bischöfe Heabert und Wynberht, welche auch interpolirt sein mögen, ausscheidet und statt Cyneheard das leicht zu verwechselnde Cyneberht setzt. Es unterschreiben erst die 6 Bischöfe aus dem Sprengel von Lichfield, die von Lincoln, Leicester, Hereford, Elmham, Domuc und Worcester, dann folgen die 5 unter Canterbury stehenden: Winchester, Sherbourne, London, Rochester, Selsea; jene gehen vielleicht deshalb diesen vor, weil auch ihr Erzbischof damals den Vorrang hatte, worüber a. a. O. mehr. Von den duces gehören die 6 ersten unzweifelhaft in die späteren Jahre Offa's, die 5 letzten dagegen wird der Interpolator hinzugefügt haben. Der Name des Abtes Willegod findet sich auch in der Gründungsgeschichte bei Wendover, aber in keiner andern Urkunde. Dieser

mit der ihrem angeblichen Privilegium direct widersprechenden Stelle so sorgfältig aufbewahrt, das Privilegium selbst aber haben verloren gehen lassen, wenn ein solches existirte? Ich glaube es nicht, kann mir aber sehr wohl denken, dass sie später bei ihren die Exemtion betreffenden Kämpfen mit dem Bischöfen von Lincoln ein Interesse hatten, dieselbe gleich bei der Gründung des Klosters ertheilen zu lassen und dass demnach einer der Mönche eine entsprechende Redaction der Gründungsgeschichte veranstaltete.

Offa soll nach seiner Darstellung persönlich den Papst in Rom aufgesucht haben, um seinem Kloster die Privilegien zu erwirken. Lappenberg ist nicht abgeneigt, dieser

---

Umstand ist nicht von Bedeutung, da man wohl für die Bischöf, aber in keiner Weise für die Aebte aus den Urkunden der Zeit einigermassen vollständige Regesten aufzustellen vermag, und ausserdem Willegod nach den Gesta abb. S. Albani nur sehr kurze Zeit im Amte war. Das Jahr 793, in welchem die Urkunde ausgestellt ist, wird in der einzigen älteren annalistischen Nachricht über St. Albans (Zusatz zu Chron. Sax. MS. F 793; oben S. 90) als Zeitpunkt der Translation des Heiligen angeführt. Stubbs (Councils III, 493 n. a.) macht gegen die Echtheit der Urkunde geltend, dass in ihr statt Ind. I. falsch Ind. III. stehe. Bei der schlechten Ueberlieferung der Zahlen in Offa's Urkunden, worauf schon oben S. 50 hingewiesen wurde, darf man auf diesen Umstand wohl kaum Gewicht legen. Dagegen ist ganz besonders hervorzuheben, dass die in unserer Urkunde getroffenen Bestimmungen über die Abtswahl in St. Albans völlig denen entsprechen, welche in Artikel 5 des Concils von Cealchyd 787, also 6 Jahre zuvor festgesetzt waren; sie sind demnach nicht, wie Stubbs l. c. anzunehmen scheint, ein Grund **gegen**, sondern ein Grund **für** die Echtheit. Endlich sei noch der im Text angezogene Ausdruck (episcopus, qui super eos erit) als Beweis wenigstens für ein höheres Alter der Urkunde angeführt; jene Worte zeigen, dass dieselbe mindestens verfasst ist, bevor der Streit des mit den Bischöfen von Lincoln über völlige Unabhängigkeit des Klosters ausbrach.

Nachricht Glauben zu schenken.¹) Sie ist aber für reine Erfindung zu halten und zwar aus folgenden Gründen:

1. Hier bei Wendover, also vierhundert Jahre nach der angeblichen Reise hören wir zuerst von ihr.
2. Es liegt überhaupt der Gedanke nahe, dass der Mönch von St. Albans eben um der Privilegien seines Klosters willen dieselbe erfunden habe.²)
3. Die von Anderen aufgestellte Ansicht, Offa möchte zur Busse für die Ermordung König Aethelberhts nach Rom gepilgert sein,³) wird durch den Umstand sehr hinfällig, dass Offa bis an sein Lebensende ein strenger und und unerbittlicher Richter blieb, aber nichts von einem zerknirschten Sünder zeigte.⁴)
4. Eine persönliche Bekanntschaft des Königs mit Hadrian und, wie bei einer zweimaligen Reise durch das Land des ihm befreundeten Monarchen beinahe unvermeidlich gewesen wäre, mit Karl dem Grossen ist unglaublich. Hätte persönliche Bekanntschaft mit Hadrian bestanden, so würde Karl, als er Offa den Tod desselben meldete und Geschenke sandte, damit für sein Seelenheil in den angelsächsischen Klöstern gebetet werde (Wilk. l. c.), gewiss nicht unterlassen haben, derselben zu erwähnen; hätte Karl selber Offa persönlich gekannt, so würde er das l. c. p. 158, wie es sonst regelmässig geschah und wie er es auch z. B. Aethelheard gegenüber that,⁵) besonders hervorgehoben haben, als er von ihrer Freundschaft und von dem zwischen ihnen bestehenden Bunde sprach.

---

1) Geschichte von England S. 230 A. 3. Die Vita Offae, von welcher er ausgeht, beruht an dieser Stelle ganz auf Wendover mit welchem sie fast wörtlich übereinstimmt. Lingard und fast alle übrigen Forscher halten Offa's Reise nach Rom für eine ausgemachte Thatsache.
2) Lappenberg S. 230. A. 3.
3) Lappenberg S. 230 u. Andere.
4) Wilk. Conc. I, 159. Ep. Caroli vom Jahre 796.
5) Jaffé Bibl. IV, 352.

5. Alcuin spricht kurze Zeit nach Offa's Tode in einem Briefe an Coenwulf von des Königs Character (Alc. op. 229.); ein so frommes Werk, wie es in jenen Zeiten eine Reise nach Rom war, würde Alcuin sicher rühmend erwähnt haben.

6. Bei den Verhandlungen über Wiederaufhebung des Erzbisthums Lichfield, wo vielfach von der Verbindung Offa's mit Hadrian die Rede ist, Verhandlungen, welche uns ziemlich ausführlich vorliegen, war Gelegenheit genug, der Anwesenheit Offa's in Rom zu gedenken. Es geschieht nicht und unter solchen Umständen ex silentio zu schliessen wird nicht viel gewagt sein.

Offa von Mercia war niemals in Rom und doch erzählt die Gründungsgeschichte ausführlich seine Reise nach Rom und seinen Aufenthalt daselbst. — Ihr Bericht von den verschiedenen Concilien bei Verulam hält eine kritische Prüfung gleichfalls nicht aus, und auch was sie von Romescot sagt, ist von späteren Zuständen auf die früheren übertragen worden. Alles ist äusserst sagenhaft und der einzige Umstand, welcher auf einen älteren Kern hinweist, ist der, dass Erzbischof Humbert (lies Hygeberht) von Lichfield und die Bischöfe Ceolwulf von Lincoln und Unwonna von Leicester als die Vertrauten des Königs namentlich aufgeführt werden.[1]) Nach den Unterschriften der Urkunden Offa's hielten grade Hygeberht (779—801), Ceolwulf (767—796) und Unwonna (c. 787—801) sich sehr viel in der Nähe desselben auf, und man sieht nicht woher der Mönch dies wissen sollte, wenn nicht aus der alten Tradition im Kloster.[2]) Da seine Darstellung sich

---

1) Wend. p. 252. vgl. p. 239.

2) Es sei doch darauf hingewiesen, dass die nach Madden's Urtheil (Hist. Angl. III, 27 n. 4.) unter den Augen des Matheus Parisiensis, also nach der Zeit Wendover's, niedergeschriebene Chronik Wallingford's (Gale, Script. XV. p. 530.), deren kritische Versuche vielleicht zu hart beurtheilt worden sind (Lappenberg S. LXVI.; Hardy, Catalogue I, 2, 625), nur diesen Theil der Gründungsge-

übrigens als vollständig unglaubwürdig erweist, kann man der Gründungsgeschichte nicht um dieser einen richtig aufbewahrten Nachricht willen eine besondere Bedeutung beilegen wollen. Es hiesse unmethodisch verfahren, wenn man einzelne Punkte, deren Unrichtigkeit eben nicht erwiesen werden kann, aus ihr aufnehmen wollte. Sie ist für die von ihr behandelten Ereignisse als Quelle eigentlich völlig unbrauchbar und man muss für eine Geschichte der Gründung von St. Albans Materialien an anderen Orten, nur nicht in der officiellen Gründungsgeschichte suchen.

Was Wendover ferner p. 261 vom Grabe Offa's erzählt und von den Sagen, welche sich an dasselbe knüpfen, scheint Glauben zu verdienen, da er hier von seiner eigenen Zeit berichtet. Es heisst daselbst, Offa sei in einer Capelle am Ufer der Ouse begraben, die Capelle aber sei mit dem Grabmal des Königs durch die Strömung des Flusses hinabgerissen worden und noch jetzt sähen die Bewohner der Gegend das letztere bisweilen in der Tiefe des Wassers, bisweilen aber könnten sie es nicht entdekken, wenn sie auch noch so eifrig suchten. —

Wir sehen, dass bei Bedford am Ufer der Ouse noch in späten Zeiten das Volk des Ortes gedachte, an welchem König Offa begraben worden war. Ich glaube nicht, dass die Sage ohne Grund grade in dieser Gegend sich erhalten und an eine bestimmte Stelle der Ouse angeknüpft hat. An der Erzählung ist so gar nichts Gemachtes und man sieht auch nicht ein, zu welchem Zwecke hier spätere Erfindung nachgeholfen haben sollte. In der Nähe von Bedford, wo der König grosse Besitzungen hatte, wird sein Leichnam bestattet sein, und wiederum in der Nähe des Grabes ihres hohen Gatten, im Kloster Coccham in Bedford, verlebte die fromme Königin Cynedritha die letzten Jahre ihres Lebens.[1])

---

schichte enthält, aber Offa's Reise nach Rom und Alles, was uns verdächtig schien, mit keiner Silbe erwähnt.

1) Cod. dipl. n. 1019. Beibringung der übrigen Belege hierfür

Hier hat uns Wendover erwünschte und glaubwürdige Kunde überliefert; dagegen wird es willkürlicher Zusatz von ihm sein, wenn er zu Huntingdons Nachricht, Offa habe die Könige von Kent, Wessex und Northumbrien besiegt, noch hinzufügt, auch den Königen von Sussex und Ostanglien sei gleiches Geschick widerfahren p. 235. Wenn er in Betreff der Südsachsen Recht hat, so scheint dies Zufall zu sein; er führt sein Offa igitur rex omnibus Angliae regibus terrori erat et timori nur weiter aus; zu den drei von Huntingdon angeführten Königen fügt er die der übrigen von diesem nicht genannten angelsächsischen Reiche hinzu, so dass jetzt in der That alle aufgezählt sind. Wann und wo die Könige der Südsachsen und Ostangeln besiegt wurden, weiss er so wenig zu sagen, als Huntingdon dieses von den Northumbriern wusste.[1] Dass Offa ein Heer nach Ostanglien gesandt habe, sagt er später noch einmal ganz allgemein in dem Bericht über die Ermordung des h. Aethelberht p. 251. Da aber König Aethelberht eben getödtet war, kann von einer Besiegung des Königs der Ostangeln, wie es unsere Stelle verlangt, nicht die Rede sein. Der Bericht selbst in welchem die Angabe sich findet, ist im Ganzen wieder durchaus unglaubwürdig. Derselbe stimmt in den Grundzügen überein mit der officiellen Legende in Hereford,[2] nur zeigt der Mönch von St. Albans das Streben, den Gründer seines Klosters soviel als möglich von der Schuld rein zu waschen und dieselbe auf Cynedritha, dessen Gemahlin zu wälzen. Die officielle Legende beruht eigentlich ganz auf Dichtung; diese Modification derselben verdient noch weniger Glauben, wie sich mit grosser Sicherheit nach-

---

sowie der Nachweis, dass Lappenbergs Darstellung S. 231, welche mit dieser Auffassung nicht in Einklang zu bringen ist, auf sagenhaften Quellen beruht, würde an dieser Stelle zu weit führen.

1) oben S. 97.
2) AA. SS. Mai tom. V. p. 241. seq. Giraldi Cambr. opera ed. Brewer vol. 3. 1863. p. 407—430; vgl. p. XLV. XLVI.

weisen lässt. Die Vita S. Ethelberti, deren Glaubwürdigkeit (ausser von Hardy) bisher kaum von Jemand bezweifelt worden ist, lässt sich nicht mit wenigen Worten beurtheilen und verurtheilen. An eine Kritik derselben, welche hier zu weit führen würde, könnte sich leicht eine Abweisung des Wendoverschen Berichtes anschliessen.

Noch an einer Stelle scheint unser Autor Neues zu bringen, nämlich p. 234 über die Thronbesteigung Offa's. Wir hören da von dem tyrannischen Regiment Beornred's, von der Erhebung der Mercier unter Offa, dem kraftvollen Jünglinge, von der Niederlage des Königs und von der Einmüthigkeit mit der dann der jugendliche Führer an seiner Stelle vom Volke zum Herrscher erkoren wurde.

Es wäre möglich, dass auch hier nur eine Ausschmükkung der Nachrichten der Wendover durch Huntingdon bekannten Angelsächsischen Annalen vorläge; doch will ich über diese im Ganzen richtige und den übrigen Quellen entsprechende Darstellung hier nicht aburtheilen, aber auch nicht das in Schutz nehmen, was sie über jene hinaus berichtet. Wer Offa's Leben schildern will, mag an der betreffenden Stelle auch auf sie Rücksicht nehmen; wie viel oder wie wenig Glauben er ihr auch schenken mag, sicher ist wohl, dass Wendover's Nachrichten hier wie überall für die Zeit des achten Jahrhunderts nicht als unerschütterliche Stützpunkte, auf denen man ruhig weiter bauen könnte, zu betrachten sind, wie sie es seinem Nachfolger, dem bedeutendsten Historiker von St. Albans, Matheus Parisiensis,[1]) waren, welcher sie als das Knochengerüst seiner ausführlichen und belebten Schilderung der Thaten König Offa's benutzt hat. Wenn der Untergrund, auf welchem dieser fusst, schon so wankend

---

1) Madden weist in seiner Ausgabe der Historia Anglorum des „Matthaeus Parisiensis" vol. III. p. VII. n. nach, dass derselbe sich stets (invariably) Matheus Parisiensis geschrieben habe. Es liegt kein Grund vor, von dieser urkundlich feststehenden Schreibart abzuweichen.

und unsicher ist, wie wir denselben haben kennen lernen, so wird das von ihm aufgeführte Gebäude noch weniger der Kritik Widerstand leisten können.

7. Die Vita Offae.

Dass Matheus der Verfasser der beiden von Wats veröffentlichten Vitae, Offa I und Offa II sei, ist jetzt wohl allgemein anerkannt. Beide Lebensbeschreibungen stehn in einem so engen Zusammenhange, dass kein Zweifel daran sein kann, dass sie von demselben Autor herrühren. Der Grundgedanke ist in beiden derselbe; nämlich der, die Gründung des Klosters St. Albans möglichst weit in die Urzeit zurück zu datiren; der Unterschied beider liegt darin, dass dem Verfasser für die erste Vita ganz andere Quellen zu Gebote gestanden haben, als für den Haupttheil der zweiten, ein Unterschied, der sich schon äusserlich darin kenntlich macht, dass in jener die Erzählung in einem Flusse fortgeht, in der zweiten dieselbe in der Weise der Chronik Wendover's in eine Menge kleiner Abschnitte zerfällt.

Es gilt, die Quellen beider Lebensbeschreibungen nachzuweisen. Für die Vita I ist dies die Aufgabe der Kenner der alten angelsächsischen und dänischen Sagen, die sich ihr schon hin und wieder und nicht ohne Erfolg zugewandt haben. Für die Vita II sei es hier versucht, so jedoch, dass der erste Abschnitt derselben, p. 969—971 lin. 50, welcher demselben Sagenkreise entstammt, wie die Vita I und bisweilen selbst im Ausdruck mit ihr übereinstimmt, der Hauptsache nach ausgeschlossen bleibt.

Die Vita Offa II, welcher von 757—796 König der Mercier war, ist im Kloster St. Albans verfasst, was nach der Tendenz und dem ganzen Inhalt der Schrift nicht bezweifelt werden kann. Sie ist höchstens zu Wendovers Zeit (st. 1236) verfasst; denn dessen Flores historiarum sind in ihr benutzt. Sie ist vor dem Jahre 1259 niedergeschrieben; denn Matheus, welcher in diesem Jahre starb, hat nach einer Notiz am Rande des einen Manuscripts derselben sie dem Kloster St. Albans übergeben.¹) Sie muss also zu seiner Zeit schon existirt haben. Wendover ist nicht der Verfasser; denn es sind Stellen seiner Chronik in die Vita aufgenommen, welche den Sinn derselben falsch wiedergeben.²) Ausser ihm waren in jener Zeit in St. Albans noch zwei bekannte Historiker, Wallingford und Matheus Parisiensis. Wallingford spricht einmal von seinem Plane, Offa's Leben zu beschreiben.³) Wenn er auch denselben ausgeführt hat, so ist doch die vorliegende Vita nicht sein Werk. Ueber die Zeit Offa's und über seine Stellung unter den angelsächsischen Fürsten, über die gleichzeitigen fränkischen Verhältnisse hat er weit klarere Ansichten, als der Verfasser der Vita. Er weiss Pippin und Karlmann und Karl den Grossen sehr wohl auseinander zu halten (p. 529) und selbst sein allerdings starker Irrthum, Karl der Grosse habe, wie die andern benachbarten Reiche, so auch England seiner Herrschaft unterworfen, spricht gegen seine Autorschaft. Der Verfasser der Vita lässt die Nachbarfürsten Offa's wohl mit Karl in ein Bündniss treten, aber von einer Unterwerfung ist so wenig die Rede, dass der Angelsachse dem Franken vielmehr an Macht gleichgestellt wird. Nicht Wallingford, sondern Matheus ist der Verfasser. Dass er zu dem Buche in irgend einer Weise in Beziehung steht, zeigt die oben angeführte Notiz der ältesten Handschrift. Auf ihn weisen Stellen hin, in denen scharfe Ausfälle gegen die römische Curie gemacht sind,⁴) wie

---

1) Hunc librum dedit frater Matheus Deo et ecclesiae S. Albani. ed. Wats 1684 Praef. ad lectorem am Schluss der Ausgabe, vor den Variantes lectiones.

2) Vergl. Wend. p. 238. Vita p. 979, 12 (Tedfordensis) u. ö.

3) Gale I p. 530. Multa quidem et alia — — de viro isto (Offa) audivi, quae cum veriora esse constiterit, alias deo largiente explicabo.

4) p. 979, 2. Noverat enim rex desideria Romanorum.

er sie in seinen Schriften anzubringen pflegte.¹) Auch er hatte, wie Wallingford, grosses Interesse daran, dass Offa's Andenken belebt werde,²) aber er fragt in seinem Buche Gesta abbatum mon. S. Albani in der Vita Willegodi nicht wie jener erst darnach, ob das über Offa Berichtete auch wahr sei (cum veriora esse constiterit; oben S. 113 A. 1), sondern er erzählt Alles ohne den mindesten Zweifel zu äussern und zum Theil ganz in Uebereinstimmung mit dem betreffenden Abschnitt der Vita Offae. Wenn Wendover und Wallingford die Verfasser der letzteren nicht waren, und auf Matheus einige Momente direct hinweisen, mag es wohl erlaubt sein, ihn, freilich ohne vollständigen strengen Beweis, als Autor derselben zu bezeichnen.

Sie wird niedergeschrieben sein um das Jahr 1256, in welchem ein Gedächtnissfest Offa's in St. Albans eingerichtet wurde, eine Pflicht gegen den Gründer des Klosters, welche man bis dahin ganz vernachlässigt hatte, quod nulla ratione poterat excusari, wie Matheus sagt.³) Dies Fest und die Aufzeichnung der Vita stehn offenbar in nahem Zusammenhang; ob aber das Fest durch die Vita oder umgekehrt die Vita durch das Fest hervorgerufen ist, bleibt ungewiss, doch scheint die erstere Annahme den Vorzug zu verdienen.

Welches sind die Quellen dieser um das Jahr 1256 wahrscheinlich von Matheus verfassten Schrift? Hardy nimmt die Existenz einer älteren Vita an,⁴) indem er Coxe's Angabe Glauben schenkt, dass Wendover eine solche benutzt habe.⁵) Dieser bietet aber nicht ein Bruchstück

---

1) Pauli, Geschichte von England Bd. 3. S. 882.
2) Chron. maj. s. a. 1256. p. 796.
3) Chron. maj. ed. 1684. p. 796. Was Matheus an dieser Stelle über Offa's Verhältniss zu Karl d. Gr. und zu seinen Nachbarfürsten sagt, entspricht der Darstellung in der Vita Offae.
4) Catal. I, 449.
5) Wend. ed. Coxe I. p. 251 n. 3. Vgl. p. 257 n. 1. 2.

einer Lebensbeschreibung Offa's, sondern wie oben gezeigt wurde, die Gründungsgeschichte von St. Albans. Die letztere nun ist mit den übrigen von Wendover aus Simeon, Huntingdon und Malmesbury entnommenen Nachrichten über Offa zu einer Lebensbeschreibung dieses Königs verarbeitet; scheidet man die aus Wendover entlehnten Stücke aus ihr aus, so bleibt, abgesehen von dem ersten oben der Sage zugewiesenen Theile, p. 969 — 971, eigentlich nichts mehr übrig, was einer selbstständigen älteren Vita angehört haben könnte. Woher die ausführliche, aber aller innern Glaubwürdigkeit entbehrende Schilderung der Kämpfe Offa's gegen Wales p. 974 lin. 34 — p. 976 lin. 55 genommen ist, lässt sich nicht nachweisen, aber einer älteren Vita Offa's wird man sie wohl nicht zuschreiben können. Dass Offa in seiner Demuth sich stets nur rex Merciorum genannt habe in epistolis vel chartis suis (p. 987 l. 6; vergl. p. 976 l. 63) ist eine unrichtige Angabe, welche aber Matheus aus den beiden Urkunden für St. Albans p. 1151 (= Cod. dipl. n. 162. 161) und aus dem Briefe Karls an Offa bei Wendover p. 241 herauslesen konnte. Der fromme Sinn des Königs, der sich in seiner Sorge für die ehrenvolle Bestattung seiner im Kampf gefallenen Krieger offenbaren soll, p. 977, ist ein der Vita I p. 963 l. 47 und dem Character des sagenhaften Königs Offa entlehnter Zug, und dasselbe gilt von seiner munificentia post victoriam p. 977 l. 17 verglichen mit der Vita I p. 963 l. 42. Nimmt man hierzu noch die Notiz, dass Offa zuerst die Einrichtung getroffen habe, dass vor dem Könige, wenn er durch das Land ziehe, die tuba (quam vulgus Trumpam vocat) ertönen solle, p. 987, so hat man Alles beisammen, was auf Wendover's Nachrichten in keiner Weise zurückgeführt werden kann. Die Annahme einer älteren Vita, aus welcher diese Stücke entnommen wären, ist unnöthig und unwahrscheinlich.

Den oben S. 104 folg. besprochenen Grundbestandtheil der selbstständigen Nachrichten der Flores historiarum, die Gründungsgeschichte von St. Albans, finden

wir in der Vita p. 983 l. 11—987 lin. 42 zum grössten
Theil wörtlich wieder; vorausgeschickt ist eine kleine
Erzählung, welche den Zweck hat, die Gründungsgeschichte
Wendover's zu verknüpfen mit dem in der Vita I und im
Anfang der Vita II gegebenen Berichte, dass schon Offa
I und alle seine Nachfolger, zuletzt auch Tuinfred, Offa's
Vater, das Versprechen gegeben hätten, ein Kloster zu
zu gründen, und dass Offa selbst beim Tode seines Vaters
dieses Versäumniss seiner Vorfahren wieder gut zu machen gelobt hätte. Bekanntlich gründete Offa's Grossvater
Eanulf das Kloster Breodun am Avon; diese Thatsache
zeigt die völlige Haltlosigkeit des Grundgedankens, welcher
die beiden Lebensbeschreibungen verknüpfen soll. Man
darf annehmen, dass auch die hin und wieder eigestreu-
ten Bemerkungen, welche eben wie die vorher erwähnte
kleine Erzählung offenbar in der Absicht zwischen die
aus Wendover entnommenen Nachrichten eingeschoben
sind, um jenen Grundgedanken durchzuführen, keinen
Anspruch auf Glaubwürdigkeit machen können.

Die Gründungsgeschichte selbst ist oben S. 104 hoffentlich mit hinreichenden Gründen als sagenhaft nach-
gewiesen; die Ausschmückungen, welche Matheus ihr zu
Theil werden lässt, z. B. dass Offa die Mönche aus dem
(im 8. Jahrhundert noch gar nicht existirenden) Kloster
Bec in Neustrien genommen haben soll, sind doch zu offen-
kundige Anachronismen und Erfindungen, als dass es
der Mühe werth wäre, im Einzelnen ihre Unrichtigkeiten
nachzuweisen.

Wendover's Erzählunng von Offa's Tode und Begräb-
niss (p. 261; oben S. 109) steht gleichfalls in der Vita p.
987, aber mit einem Ausbruch des Unwillens über die
supina fatuitas, ignavia inexcusabilis, negligentia reprehen-
sibilis der ersten Aebte von St. Albans, welche versäumt
hätten, die Gebeine eines so ausgezeichneten Königs dem
von ihm gegründeten und glänzend ausgestatteten Kloster

zuzuführen.¹) Daran schliesst sich der fromme Wunsch des Autors, dass dem Könige im Himmel zu Theil geworden sein möge, was die Menschen ihm nach seinem Tode in ihrer Undankbarkeit nicht gewährt hätten.

Der erste Theil der Vita, p. 969—971, welcher von Offa's Thronbesteigung und Vermählung handelt, ist wie oben bemerkt wurde zum grössten Theile den alten Sagen entnommen, er enthält aber zugleich Alles, was Wendover über diesen Gegenstand bot. Bei Wendover p. 234 heisst es, Beornred habe per tyrannidem regiert, in der Vita p. 969 l. 28 steht Beormredus tyrannus; nach Wendover erheben sich die Grossen des Landes contra regem Beornredum, nach der Vita contra regem suum Beornredum, dort kämpfen sie Offa duce adolescente strenuissimo, hier geht Offa adolescens strenuissimus cum suis Merciis in den Kampf. Dort steht: quo facto unanimi omnium consensu praedictum Offam tam clerus quam populus coronarunt; hier rufen die Grossen unanimi consensu, Offa solle ihr König sein, und dann heisst es: Congregati igitur universi Merciorum potentes Offam supra se constituunt solemniter coronatum. Matheus hat auch hier Wendover's Nachrichten zur Richtschnur seiner Darstellung genommen. Was er über sie hinaus in Uebereinstimmung mit den Sagen erzählt, dass Offa in seiner Jugend blind und taub und verwachsen gewesen, dann aber plötzlich geheilt worden sei, dass die schöne, aber böse Drida, später Cynedritha, auf kleinem Boot den Stürmen des Meeres preisgegeben und nach ihrer Landung in England von Offa zu seiner Gemahlin erhoben sei, verliert auch durch den Umstand gar sehr an Glaubwürdigkeit, dass man bis zum Jahre 1236 in St. Albans noch nichts davon wusste, da sonst Wendover es sicher be-

---

1) Der hier ausgesprochene Tadel des Autors bietet, mit dem oben S. 114 aus der Historia major des Matheus angeführten zusammengehalten, noch einen weiteren Grund für die Autorschaft des Matheus.

richtet haben würde. An alte im Kloster aufbewahrte Tradition, auf welche Lappenberg S. 230 A. 3 hinweist, ist demnach für diese Geschichten nicht zu denken.

Der zweite Abschnitt über Offa's weitere Thätigkeit in Krieg und Frieden zerfällt in folgende Theile:
1. Der Kampf Offa's gegen die benachbarten Könige (p. 971 l. 51—974 l. 33), und als Schluss derselben der Krieg mit Marmod bis p. 976 l. 55, auf welchen schon oben hingewiesen wurde.
2. Offa's Thätigkeit im Frieden ‚seit dem Jahre 675 (vergl. oben S. 102): a) der friedliche Verkehr mit Karl dem Grossen p. 977 l. 30—978 l. 51; b) die Ermordung Aethelberht's von Ostanglien p. 980, 14—982, 28. Dies sind die drei noch zu besprechenden Hauptgruppen von Ereignissen. Zwischen ihnen steht in der Vita Folgendes: 1. Errichtung des Erzbisthums Lichfield p. 978, 53—979, 26, nach Wendover p. 237. 238, welcher selbst wiederum aus Malmesbury schöpft. Den Ausdruck des letzteren: contractis inimicitiis cum Cantuaritis, hat Matheus benutzt, um eine Erzählung von einer angeblichen Verbindung Erzbischof Jaenberht's mit Karl dem Grossen zu ersinnen und anzuknüpfen, welche wahrscheinlich ihre Entstehung dem Streben des Mönches verdankt, überall Beziehungen zu Karl dem Grossen anzubringen, worüber unten mehr. Ebenso wie Wendover berichtet auch Matheus noch an einer anderen Stelle p. 982, 30—46 von der Errichtung des Erzbisthums Lichfield (= Wend. p. 246), dies Mal nach Huntingdon p. 731 und im Anschluss daran von der Krönung Ecgfrids zu Cealchyð nach Wendover p. 247, theilweise wörtlich, theilweise frei wiedergegeben. 2. Die Nachricht vom ersten Einfall der Normannen p. 979, 28—51 ist für die fortschreitende Umbildung der Angaben der alten Annalen ein schönes Beispiel. Die Angelsächsischen Annalen berichten einfach, es seien drei dänische Schiffe gelandet, der Gerefa sei ihnen entgegengeritten, aber von ihnen erschlagen worden; dies seien die ersten dänischen Schiffe in England gewesen;

Huntingdon übersetzt das Annale und fügt hinzu, später seien noch viele Tausende von den Normanen getödtet worden. Wendover meint, man könne vermuthen, es seien Kundschafter gewesen, welche des Landes Fruchtbarkeit hätten erkunden wollen. Nach Matheus endlich fallen durch die Hände der Dänen später nicht nur Tausende, sondern millium millia; die Bemannung der drei Schiffe wird bei ihm nicht nur wie bei Wendover a multitüdine populorum occurenti in die Schiffe zurückgetrieben, sondern Offa selbst schickt Truppen, sie zu bewältigen. Bei dieser Gelegenheit werden einige Dänen gefangen, und diese bekennen nun, was Wendover als s e i n e Vermuthung ausgesprochen hatte: sie seien gekommen, um das Land auszukundschaften; sie fügen hinzu, nach ihnen würden noch unzählige Schaaren der Dänen über das Land hereinbrechen. König Offa lässt sie hochherzig, als er dies hört, unbehelligt nach Hause ziehn und gebietet ihnen, ihren Landsleuten zu melden, wenn ihrer noch mehrere kämen, würde es denselben ebenso schlecht ergehen, wie denjenigen, welche zuerst sein Land betreten hätten. So lange Offa lebt, wagen die Dänen nicht wieder zu kommen.

Die drei dänischen Schiffe landeten in Wessex und und nicht am mercischen Gestade; mehr braucht nicht gesagt zu werden, um die Unhaltbarkeit dessen, was Matheus der ihm überlieferten Erzählung hinzugefügt hat, darzuthun. Dies Beispiel zeigt uns aber zugleich, was wir überhaupt von ihm und seiner schöpferischen Phantasie zu erwarten haben. Wir wundern uns jetzt nicht mehr, wenn er

3. p 979, 54—61 die Motive auseinanderzusetzen weiss, welche Offa bewogen haben, mit seinen Nachbarfürsten Frieden zu schliessen und sie mit seinen Töchtern zu vermählen. Dass Beohrtric um die eine derselben geworben, berichtet er nach Wendover p. 247. Dieser sagt, er habe es gethan, ut ampliorem gratiam apud propinquos inveniret, Matheus schreibt, ut ampliorem gratiam apud regem Offam et sibi propinquos inveniret et hostibus timori

et amicis honori et dilectioni p. 980, und weiss zu erzählen von der tüchtigen Persönlichkeit des westsächsischen Königs. Dass Ethelred von Northumbrien auch eine Tochter Offa's heimführte, erfuhr Matheus aus Wendover p. 249. Letzterer nennt sie Alfleda, Matheus sagt nur, sie sei jünger gewesen als die Braut Beorhtric's; den Namen Alfleda braucht er für die dritte Tochter Offa's, die dem Könige der Ostangeln vermählt werden sollte.

Es bleibt noch übrig, Wendovers Einfluss auf die drei oben zusammengestellten grösseren Berichte nachzuweisen.

I. Offa im Kampf mit seinen Nachbarn.

Der erste derselben handelte von den Kriegen Offa's mit den benachbarten Königen, p. 971, 51 — 974, 34. Nachdem Matheus kurz zuvor von der Tüchtigkeit Offa's gesprochen und in Uebereinstimmung mit Wendover gemeldet hat, dass er sein Reich vergrössert habe (Merciorum regnum non mediocriter dilatavit Wend. p. 235; fines regni Merciorum sub temporis brevitate inopinabiliter dilatavit Vit. p. 971, 48.) zieht er die nach dem letzteren von Offa besiegten fünf Könige in seine Darstellung hinein, von denen schon oben S. 110 gesprochen wurde. In derselben Reihenfolge wie sein Gewährsmann zählt er sie auf. Sie treten bei ihm vereinigt Offa entgegen; die Furcht vor diesem treibt sie an, bei dem grossen Karl, dem Könige der Franken, Schutz zu suchen. Sie wenden sich mit einem Schreiben, welches vollständig mitgetheilt wird, an denselben und finden auch bei ihm Gehör; er verbietet Offa, fernerhin etwas gegen seine Nachbarn zu unternehmen. — Es braucht kaum hervorgehoben zu werden, dass ein Bündniss der fünf Könige der Kenter, Westsachsen, Northumbrier, Südsachsen und Ostangeln fast zu den Unmöglichkeiten gehört. Wie hätte es kommen sollen, dass sie sämmtlich (und grade alle diejenigen, deren Besiegung durch Offa Wendover berichtet) zu einem Bunde gegen Offa, der ihnen bis dahin noch nicht feindlich entgegengetreten war, dessen Angriff sie nur fürchteten, sich vereinigt hätten. So leicht war eine gemeinsame Action unter diesen zwiespältigen angelsächsischen Fürsten nicht herzustellen. Und an wen wenden sie sich? An König Karl. Da diese Ereignisse in die ersten Jahre Offa's fallen, müsste Pippin der Frankenkönig gewesen sein. Aber Wendover weiss nichts von Pippin, also auch Matheus nicht; Wendover weiss auch nichts von Karlmann, er nennt Karls des Grossen Bruder gleichfalls Karl (p. 239 ann. 771; corrumpirt aus Sim. Dun. 771) und berichtet 771 des letzteren Tod. Darnach nimmt nun Matheus an, dass bis 771 ein König Karl regiert habe, und dass in diesem Jahre sein Bruder gleichen Namens auf ihn gefolgt sei. An jenen ersteren Karl haben sich nach seiner Erzählung die Angelsachsen gewandt. Den Brief den sie ihm zugleich mit mille aureis pro munere schicken und welcher die Ueberschrift trägt, Carolo regi Francorum magno, triumphatori, invincibili, hat noch wohl Niemand für echt gehalten. Die warnenden Worte des Frankenkönigs lässt Offa unbeachtet. Er beruft seine Grossen und macht sie mit den zwischen seinen Feinden und Karl angeknüpften Verhandlungen bekannt, sagt ihnen aber zugleich, er habe gehört dass Karl durch Kriege in Italien vollauf beschäftigt sei, ehe er diese beendigt habe und sich um die angels. Angelegenheiten kümmern könnte, wollten sie ihre Feinde vor sich niederwerfen. Inzwischen besiegt Karl die Sachsen, p. 972, 27 = Wend. p. 239. ann. 770. Auf diese Nachricht folgt bei Wendover s. a. 771: Offa, rex Merciorum Anglorum gentem armis subegit (= Sim. Dun. 771, wo aber richtig statt Anglorum steht Hestingorum), eine Stelle, welche Matheus Anlass giebt, einen gewaltigen Kampf Offa's gegen die Ostangeln bei Feldhard zu schildern. Nicht bloss die Darstellung des Verlaufs der Schlacht, auch der Name des Orts, an welchem gekämpft wird, ist erdichtet. Gleich auf die Notiz von der Unterwerfung der Angeln folgt bei Wendover der schon erwähnte Thronwechsel im Frankenreiche. Auch bei Matheus folgt er unmittelbar, aber hier sind es die

Kundschafter Offa's, welche ihm davon Nachricht bringen. Man sieht, dass der Verfasser um den Stoff dramatisch zu beleben, hier denselben Kunstgriff angewandt hat, den wir schon oben S. 119 bei Gelegenheit des ersten Normanneneinfalls beobachten konnten. Aus Wendover's subita morte praeventus macht Matheus: morte repentina corruisse, veneno vel apoplexia subito suffocatum. Offa frohlockt, da ihm Gott so sichtbarlich hilft. Seine Feinde aber wenden sich an Karls Nachfolger, an den jüngeren Karl, der denn auch gleich seinem Vorgänger an Offa einen Brief voll Drohungen, eine Epistola imperialis (!) erlässt, welcher aber auf Offa gleichfalls keinen Eindruck macht. Er theilt seinen Kriegern mit, dass er gesonnen sei, seine Feinde vor sich niederzuwerfen, ehe Karl seine Herrschaft befestigt habe. Die Krieger stimmen ihm freudig bei.

Was Wendover zunächst in Bezug auf Offa berichtet ist sein Kampf gegen Kent, p. 240 ann. 773. Auch Matheus lässt ihn sich zuerst gegen den König der Kenter wenden; nach ihm handeln aber die Könige gemeinsam und so kommen denn die übrigen herbei, dem bedrängten Genossen zu helfen. Die ausführliche Schilderung des Kampfes selbst entspricht in manchen Einzelheiten der in der Vita I p. 962. 963 gebotenen Aehnlichkeiten, die hier nicht hervorgehoben zu werden brauchen; auch ohne sie zu kennen, wird Niemand daran zweifeln, dass diese Schlachtschilderung nur der Phantasie des Matheus entsprungen ist. Am Schluss derselben berichtet er wieder nach Wendover, der Schlachtort solle Otford gewesen sein.

Von den fünf Königen sind zwei besiegt; nur noch gegen die der Northumbrier, Süd- und Westsachsen muss Offa in's Feld ziehn. Den Kampf gegen den letzten derselben, gegen Cynewulf von Wessex, berichtete Wendover p. 243 anno 779. Matheus muss diesen also gleichfalls schildern: Die Northumbrier, Süd- und Westsachsen werfen sich vereint (man sieht nicht recht, ob noch bei Otford oder schon bei Bensington) auf König Offa; von allen Seiten treffen ihn ihre Speere; so viele derselben stecken ihm in Brust, Rücken und in den Seiten, dass er schon ihretwegen nicht umfallen kann; endlich befreit ihn seine tapfere Kriegsschaar und treibt die Feinde in die Flucht. Die folgenden Nachrichten, dass der Kampf bei der Belagerung von Bensington stattgefunden habe, und dass dieser Ort in die Hände Offa's gefallen sei, p. 974, 20—24, sind fast wörtlich aus der oben angeführten Stelle Wendover's abgeschrieben.

Noch zwei der fünf Könige sind zu besiegen. Wendover hat über einen Kampf Offa's mit ihnen keine besondere Nachricht mehr, also auch Matheus nicht. Er schildert ihre Flucht und lässt sie nach einigen Fährlichkeiten bei Marmod in Wales ankommen, in dessen Gefolge, wenn man so sagen darf, sie nun weiter gegen Offa streiten.

Der Kern aller dieser Erzählungen ist aus Wendover entnommen; wo der letztere nur kurz berichtet, ist Matheus sofort mit einer ausführlichen Schilderung bei der Hand. Er lebte fast 500 Jahre nach den berichteten Ereignissen, ist in Betreff des leitenden Fadens und der Hauptfacta ganz abhängig von Wendover; man kann sich denken wie genaue Kenntniss er da wohl von dem Verlauf der Kämpfe im Einzelnen gehabt haben wird!

II. Offa's friedlicher Verkehr mit Karl d. Gr.

Als Offa seine Feinde sämmtlich vor sich niedergeworfen hat, strebt er die Versöhnung mit Karl d. Gr. an. Er sendet ihm reiche Geschenke und einen Brief, in welchem er ihm auseinandersetzt, dass er Unrecht gethan habe, den Feinden Offa's, die nichts als Empörer wären, ein williges Gehör zu geben, p. 977. Karl antwortet ihm mit dem bekannten von Malmesbury aufbewahrten, im Frühjahr 796 verfassten Schreiben, (welches Matheus aus Wendover p. 241 entnahm,) und sendet ihm bald darauf den Brief, auf welchen schon oben in der Vorrede S. 5 hingewiesen wurde. Von Tage zu Tage wuchs jetzt die Freundschaft der beiden Könige; als ein Zeichen derselben sandte Karl an Offa Briefe mit Synodalstatuten, welche Grundzüge des katholischen Glaubens zur Unterweisung einiger seiner Prälaten enthielten. Diese letztere Nachricht ist offenbar nur ein Missverständniss oder eine Corrumpirung der Worte Wendover's p. 249: Carolus — misit librum synodalem ad Britanniam etc.

Was nun die angeführten drei Briefe betrift, so ist der zweite derselben unzweifelhaft echt;[1]) den ersten, p. 977, 48 hat noch Niemand vertheidigt. Er ist gleich den früher besprochenen von Matheus fabricirt, obwohl er mehr den Schein der Echtheit für sich hat, als der dritte p. 978, 28. Matheus hat von den fränkischen Verhältnissen ausser einer unbestimmten Vorstellung von der hohen Bedeutung und der Macht Karls d. Gr. keine Kunde als die, welche ihm Wendover übermittelt. Das sieht man auch in diesem Briefe. Karl d. Gr. schreibt an Offa von denjenigen seiner Thaten, welche Matheus im Wendover las, und Karl spricht auch von ihnen in denselben Ausdrücken, mit welchen Wendover und vor ihm theils Simeon von Durham, theils Sigebert von Gembloux sie berichtet hatte. Der Brief lautet wörtlich so:

Carolus, etc. Ut supra. (d. h. wie in dem vorhergehenden Briefe Act. Kar. K. 148) Offano Merciorum Regi, Salutem, honorem et amorem. Cum deceat et expediat reges potentes et famosos amicitiae foedere convinciri et mutuis gaudiis ad invicem gratulari, ut in vinculo caritatis Christus in omnibus et ab omnibus glorificetur, vestrae serenitati hoc Eulogium duximus destinandum. Cum nobilissimam Longobardorum civitatem cum suis civibus omnibus nostro dominatui potenter subjugaverimus et Italiam totam nostro imperio feliciter subjugaverimus, Chri-

Wend. p. 240. ann. 774 = Sim. Dun. 774.
Carolus rex Francorum potentissimus nobilissimam Longobardorum urbem Ticinum obsidione vallavit, quam cum rege Desiderio coepit et Ita-

---

1. Sickel Act. Kar. K. 148. Bd. 2 S. 276.

sti adjutorio, cui famulari desideramus: **Rex Desiderius Longobardorum ducesque Saxoniae,** quos nostris nutibus inclinavimus, **Withmundus et Albion, cum fere omnibus incolis Saxoniae baptismi susceperunt sacra**mentum, domino Jesu Christo **liam totam suo imperio adjecit.**

Wend. 244. ann. 784 = Sig. Gembl. 785. **Withichindus et Albion, duces Saxoniae** infideles, Carolo reconciliati baptizantur.

de caetero famulaturi. Hoc igitur salubri mandato Ego Carolus Regum Christianorum Orientalium potentissimus, vos, ô Offane Regum Occidentalium Christianorum potentissime, cupio laetificari et te in dilectione speciali amplecti sincerius.

Jetzt ist klar, woher der Ausdruck duces Saxoniae, welchen Sickel als nicht karolingisch verwarf, in den Brief gekommen ist. Die sonst noch gegen die Echtheit des Briefes angeführten Gründe hier zusammenzustellen, wird nicht nöthig sein; es sei nur als vielleicht weniger bekannt bemerkt, dass Alford den Brief für unecht erklärte, weil Karl sich in demselben als orientalium Christianorum rex bezeichnete, ein Ausdruck, der die Bewohner des ost-römischen Reiches, welche doch sonst orientales Christiani genannt werden, ganz ignorirt.

III. Die Ermordung Aethelberht's von Ostanglien, p. 980, 14 – 982, 28.

Matheus kannte aus der Gründungsgeschichte bei Wendover (p. 252; vgl. oben S. 108) als des Königs Gefährten den Erzbischof Humbert und die Bischöfe Ceolwulf und Unwonna. Sie werden von ihm bei jeder Gelegenheit als solche erwähnt. So auch hier. Cynedritha, des Königs Gemahlin, ist der Sage entsprechend im Anfang der Vita als ein durch und durch schlechtes Weib geschildert. Auch hier tritt sie Allem entgegen, was gut und schön ist; sie kann es nicht vertragen, wenn Jemand gute Rathschläge ertheilt, und unleidlich ist es ihr Jemanden glücklich zu sehn. Aus dem Frankenreiche stammend, aus der Familie des grossen Karl, will sie auch mindestens eine ihrer Töchter dorthin vermählt sehn.

Das sind die Momente, welche Matheus Anlass geben Wendover's Bericht über die Ermordung Aethelberht's weiter auszuschmücken. Von der bekannten Erzählung der Gest. abb. Font. c. 16, dass zwischen Offa und Karl über die Vermählung ihrer Kinder Verhandlungen angeknüpft seien, weiss Matheus nichts, weil Wendover nichts davon berichtet. Er lässt die Königin nur ein so grosses Verlangen tragen, sich mit ihrem Blutsverwandten Karl zu verschwägern, weil er auch hier, wie an so vielen anderen Stellen, darnach strebt, die angels. Verhältnisse auf jede Weise in Beziehung irgend einer Art zu Karl dem Grossen zu bringen.

Die genannten Bischöfe sind der Königin verhasst, weil sie Offa mit Rath und That zur Seite stehn; als sie ihm nun gar gegen ihre Ansicht zureden, seine dritte Tochter Aelfleda nicht einem Franken, sondern dem Könige Aelbert von Ostanglien zu vermählen, da kennt ihre Wuth keine Schranken mehr. Aelbert kommt an Offa's Hof; Cynedritha sucht ihren Gemahl zu überreden, den jungen gefährlichen Nebenbuhler seines Ruhmes heimlich aus dem Wege zu schaffen, wird aber mit edler Entrüstung abgewiesen. Da beschliesst sie allein das Verbrechen auszuführen, und sie thut es auch. Offa ist hier wie bei Wendover (oben S. 110) ganz unschuldig. Die Vorbereitung zur Ermordung und diese selbst sind fast wörtlich nach den Flores historiarum geschildert. Neben ihnen hat aber Matheus auch eine andere Fassung der Legende benutzt;[1] darauf weist es hin, dass Aelfleda, ihres Bräutigams beraubt, ins Kloster geht, ein Punkt, der dann namentlich von Ingulph weiter ausgeführt ist; darauf weist ferner der Bericht über die wunderbare Heilung eines

---

1. Vielleicht folgt er hier dem p. 980, 19 erwähnten versificator, solitus regum gesta et laudes describere.

Blinden durch das Blut von Aethelberht's abgeschlagenem Haupte hin. Nach der Version, welcher Matheus hier folgt, ist bloss der Kopf des Märtyrers gefunden; corpus autem ubinam locorum occultatum fuerat, penitus ignoratur, p. 981, 45. Gleich darauf folgt er wieder Wendover's Bericht und schreibt p. 982, 17 diesem nach: corpus ejus apud Herefordensem delatum civitatem (= Wend. p. 251), also jener ersten Fassung widersprechend. Wendover hatte nur davon gesprochen, Aethelberht sei, unehrenvoll bestattet, eine Zeitlang den Menschen unbekannt geblieben. Matheus schreibt dies wörtlich nach, weiss aber auch zu erzählen, dass der Ort, an dem er zuerst bestattet wurde, Lichfield war und dass der Erzbischof Humbert den Leichnam hierher gebracht habe: wiederum eine Gelegenheit für unsern Autor, den ihm aus Wendover bekannten Humbert thätig sein zu lassen (oben S. 125.). Die Besitzergreifung Ostangliens meldet er p. 982, 23 wieder nach seiner Hauptquelle, Wend. p. 251, welcher er p. 981, 55 auch nachschreibt, dass Offa, nachdem er von der That seiner Gemahlin gehört, drei Tage allein ohne Speise zu sich zu nehmen zugebracht habe. Dass er Cynedritha zur Strafe an entlegener, einsamer Stelle habe einsperren lassen, ist eigene Zuthat und ebenso, dass die Königin hier von Räubern überfallen und in ihren eigenen Brunnen geworfen sei. Wie Matheus dazu kam, sie grade dieses Todes sterben zu lassen, sehen wir aus seiner Bemerkung: ut sicut regem Albertum — in foveam fecit praecipitari, — sic in putei profunditate submersa vitam miserabiliter terminaret. Er spielt Schicksal und lässt sie auf dieselbe Weise getödtet werden, wie sie getödtet hat. Nicht eine Volkssage, sondern eine Erfindung des Mönches aus dem 13. Jahrh. liegt hier vor; noch weniger aber kann man Lappenberg's Ansicht S. 231 beitreten, wenn er sagt, man sehe aus dieser Erzählung, was über die Königin ihre Zeit gedacht und gewünscht habe. Alcuin preist sie dem Königssohne Ecgfrid als ein Muster der Frömmigkeit,[1]) und

---

1. Alc. op. 59 ep. 45.

bald nach Offa's Tode tritt verschiedentlich eine Cynedritha hervor, welche als seine Erbin bezeichnet wird und in der wir seine ihn überlebende Gemahlin wieder zu erkennen haben. Von einem frühzeitigen und ungewöhnlichen Tode derselben wissen die gleichzeitigen Quellen nichts zu berichten.

Auch an dieser Stelle zeigt sich, dass das, was Matheus der Erzählung Wendover's hinzufügt, völlig unglaubwürdig und nichts als willkürliche Ausschmückung ist. Sehen wir ab von dem Werthe der von unserer Untersuchung ausgeschlossenen Erzählungen über Offa's Jugend, seine Vermählung und über die Kämpfe mit Wales, Erzählungen, die man aber ebenfalls auf den ersten Blick als völlig haltlos erkennt, so lässt sich jenes Urtheil auf die ganze Vita Offae II ausdehnen: was sie Glaubwürdiges enthält, ist aus Wendovers Chronik entnommen; völlig unglaubwürdig ist dagegen Alles, was sich nicht auf Wendover zurückführen lässt.

www.ingramcontent.com/pod-product-compliance
Lightning Source LLC
Chambersburg PA
CBHW031346160426